W0089180

3458050329

Hans-Georg Gadamer
Poetica
Ausgewählte Essays

Insel Verlag

© Insel Verlag Frankfurt am Main 1977
Alle Rechte vorbehalten
Druck: Thiele und Schwarz, Kassel

Inhalt

Der Dichter Stefan George

Der Dichter Stefan George ist innerhalb der deutschen Literatur eine einzigartige Erscheinung, nicht durch sein dichterisches Werk allein, sondern vor allem durch die bannende Macht seiner Persönlichkeit, die seine Freunde und Verehrer nicht als eine anonyme Gemeinde, wie sie jeder Künstler sammelt, sondern als einen engen Bund von Menschen zusammenschloß, denen er der Meister war. Selbst in dem Abstand der Jahrzehnte – George ist bereits 1934 gestorben – sind diese Menschen bis zum heutigen Tag an ihn gebunden geblieben. Er gewinnt immer neue Verehrer von gleicher Unbedingtheit – allein durch sein dichterisches Werk. Was ist die Eigenart dieses dichterischen Werkes? Welche Kunstmittel und welche aus ihnen strömende Seelenmacht sind es, die die ungewöhnliche, fremdartige, ebensosehr zu unbedingter Ablehnung wie zu unbedingter Hingabe reizende Wirkung des Dichters ausmachen?

Es gehört wohl zu der Gleichzeitigkeit großer Dichtung, daß man so leicht vergißt, daß George seine bedeutenden ersten Gedichtwerke noch im vorigen Jahrhundert publiziert hat. Er war ein Zeitgenosse des jungen Hofmannsthal, er war wenig älter als Rilke und begann seine dichterische Wirksamkeit in einem ausgesprochen polemischen Affekt gegen die damals herrschende Kunstgesinnung des Naturalismus. Sein Leben hatte seine besondere Geheimhaltung und seine besondere Öffentlichkeit. Sein frühes Reisen, sein Aufenthalt in Paris, sein häufiges Verweilen in München, vor allem aber das unstete und doch beständige Hin- und Herziehen eines Freundes zwischen den Wohnsitzen seiner Freunde bilden eine höchst ungewöhnliche Figur des Lebens. Er hielt sich mit Betonung von den gesellschaftlichen Bindungen fern, vermied die Einordnung in das gesellschaftliche Gefüge, die einem jeden aufgegeben ist, und war stolz auf seine Abseitigkeit und die Unabhängigkeit, die er sich gewiß nicht ohne Verzicht und durch Strenge gegen sich selbst aufgebaut hatte.

Was ihn in der Öffentlichkeit bekannt gemacht hat, entsprang insofern seinem eigenen Bestreben, als er, schon als junger Dichter, die Initiative zur Sammlung Gleichgesinnter ergriff und eine literarische Bewegung begründete. Es waren die *Blätter für die Kunst,* für die er in jungen Jahren seine Bundesgenossen suchte und fand und in deren Rahmen damals auch Hugo von Hofmannsthal seine Beiträge leistete. Im Ausgang von dieser literarischen Bewegung sammelte er mehr und mehr seine Freunde. Das Unternehmen existierte zunächst auf Subskriptionsbasis. Man konnte sich als Dichter nicht einfach um die Aufnahme in diese Blätter bewerben, sondern wurde zur Mitarbeit eingeladen, ja man mußte sich sogar als bloßer Leser um die Ehre bemühen, die im Kreise der *Blätter für die Kunst* entstehenden Publikationen erwerben zu dürfen. Auf diese Weise sammelte George seine Freunde und lebte außer in München an manchem anderen Ort, in Berlin, in Darmstadt, in Heidelberg. Alles, was wir von ihm wissen und was von ihm berichtet wird, zeigt einen neuen Stil des Meister-Schüler-Verhältnisses, der

8

auch in dem ursprünglichen Vorbild, das Mallarmé für George darstellte, keinen Vorläufer hat. Gundolf, der große Lehrer der Literaturwissenschaft an der Heidelberger Universität, war einer von denen, die von dem Meister der Menschenführung, der dieser Dichter war, zu einem sein Leben lang währenden Jünger-Verhältnis bestimmt wurde. Die Unlösbarkeit seiner inneren Bindung bewährte sich auch noch, als George mit ihm gebrochen hatte.

Was in solchem Verhältnis zwischen Meister und Jüngern herangebildet wurde, war für jeden, der das auch nur von ferne beobachten konnte oder von ferne davon angerührt wurde, deshalb besonders eindrucksvoll, weil es dem allgemeinen Zeitbewußtsein und seinen Werten entschieden widersprach. Denn hier stand der Wert der Nachahmung, der imitatio, im Vordergrund. Es war Georges bewußtes Streben, sein Anspruch und die Auffassung von seiner eigenen Sendung, daß er sein dichterisches Wollen, seinen Sinn für die Möglichkeiten von Dichtung und Sprache, einer jüngeren Gefolgschaft gleichsam anlernte. Jeder, der zum ersten Male einen Band aus den Folgen der *Blätter für die Kunst* in die Hand bekommt, ist von der Gleichförmigkeit und der Familienähnlichkeit der literarischen Produkte überrascht, die dort – bezeichnenderweise, ohne daß die Autorennamen mitgeteilt wurden – gesammelt waren.

Mit den Jahren verwandelte sich dieser literarische Kreis Gleichstrebender mehr und mehr in einen Lebenskreis, in dem George nicht nur der führende Dichter war, sondern der große Erzieher und Menschenbildner, der als der Meister im vollen Sinne des Wortes die Mitte bildete.

Dann kam das für uns heute, aber auch für viele von damals schwer vollziehbare Erlebnis, das George mit einem heranwachsenden Jüngling in München hatte, dessen früher Tod dem Dichter wie eine Art Berufung und Weihung seines eigenen Lebens und Wirkens erschien. Das Gedächtnis an Maximin war wie eine Kultstiftung, die das dichterische Werk Georges veränderte, und brachte eine Scheidung der Geister in diejenigen, die diesen kultischen Zug annahmen, und diejenigen, die sich ihm verschlossen. Selbst große Bewunderer Georges vermochten ihm bei dieser religiösen Kultstiftung – wenn es eine solche sein sollte – nicht wirklich zu folgen.

Damals begann der George-Kreis sich in einer neuen Richtung zu entfalten. Das lebendige Schüler-Meister-Verhältnis, das den ›Kreis‹ trug, erfuhr einen Formwandel, der vor allem durch das politische Ingenium von Friedrich Wolters vorangetrieben wurde. Wolters war ein Wirtschaftshistoriker aus der Schule Gustav Schmollers und gehörte zu den engsten Freunden Georges. Er erblickte im Heranwachsen einer jungen Generation, die nach dem Vorbild und dem Willen ihres Meisters geprägt war, den Ansatz zu einer volkhaft-staatlichen Erneuerung im ganzen. In einer kleinen Schrift, die Epoche gemacht hat, deutete er das lebendige Verhältnis zwischen Meister und Jünger als die Keimzelle einer neuen politischen, staatbildenden Ordnung. Sein Buch hieß *Herrschaft und Dienst*. Er suchte die Ehre des Dienens und die Weihe des Herr-

10

Seins in einem neuen Lichte zu zeigen, indem es auf die gestuften Lebensformen des mittelalterlichen Reiches und der römischen Kirche verwies. Damit kam etwas wie eine Institutionalisierung in das lebendige Fluten des von dem Dichter George und seiner Dichtung inspirierten Lebens des Kreises. Der Anspruch auf eine gesellschaftliche Erneuerung des Volkes im ganzen war ein provozierender und für viele den Zugang erschwerender Anspruch, wie das etwa die scharfe Kritik Max Webers in seiner Problematik dargestellt hat.

Indessen läßt sich im Rückblick sehr wohl begreifen, was die Stärke dieser Gesinnung war. Im weltlichen Raume einer Massengesellschaft, innerhalb eines diffusen Kulturbetriebs bildete diese Gemeinschaft so etwas wie eine Kirche, die von dem Wahlspruch geprägt war: ›Extra ecclesiam nulla salus‹. Daß in diesem Satz, den die römische Kirche als den Anspruch ihrer eigenen Heilsverkündigung bis zum heutigen Tage festhält, auch eine weltliche Wahrheit steckte, daß es nicht sinnlos und nicht beleidigend war, wenn reiche Talente, die außerhalb des Kreises hervortraten, dennoch vor dem Anspruch geringerer Geister, die dem Freundeskreis Georges angehörten, zurückgesetzt wurden, das wurde damals von den Jüngern dieses Kreises auf eine eindrucksvolle Weise vorgelebt (und gewiß nicht durch die so viel verlästerten äußerlichen Moden, mit denen sich mancher wichtig machte).

Ein eigenes Erlebnis mag das Sendungsbewußtsein, das in dem Kreis lebte, verdeutlichen. Friedrich Wolters, den ich als Student und als junger Doktor in sei-

11

nen Vorlesungen und Übungen gehört hatte und mit dem ich häufigeren Umgang hatte, schenkte mir 1922 ein gerade erschienenes Buch von Wolff und Petersen über *Das Schicksal der Musik* und schrieb darein folgende Widmung, die, so privat sie ist, ein allgemeines Interesse hat:

›Narr ist der, der so verwogen ist,
daß er den Geist aus dem Kreise heraussendet.
Und noch mehr Narr ist der,
der sich grämt und grübelt, seinen Ursprung zu wissen.
Und ohne jeglichen Sinn ist,
wer seine tiefsten Gedanken wissen will.‹
Novelle Antiche, 29. Stück

Offenbar war es eine von Friedrich Wolters selbst angefertigte Übersetzung des italienischen Textes. Hier sprach sich nicht nur das innere Heilsbewußtsein derer aus, die dem Kreise angehörten: es war klar, daß diese Widmung jemandem galt, der in den Augen von Wolters zu sehr auf das Denken – denn das war mit dem Wissen seines Ursprungs gemeint – gerichtet war. Die Form des gedanklichen Lebens, die ich damals als Schüler von Paul Natorp verfolgte, galt als verderblich und unfruchtbar. Das Nietzsche-Gedicht des *Siebenten Ringes* gibt dem einen epigrammatischen Ausdruck:

›sie hätte singen
nicht reden sollen diese neue seele.‹

Hier klingen in dichterischer Form die Antithesen an, die damals von Gundolf und anderen auch begrifflich

12

in dem *Jahrbuch für geistige Bewegung* formuliert worden sind, die Gegensätze von Sein und Wissen, von Substanz und Funktion, von Gestalt und Begriff. Was mir an diesen mehr mit schriftstellerischer Kunst als mit gedanklicher Schärfe vorgetragenen Antithesen aufging, war freilich doch eine Wahrheit, nämlich, daß jedes Denken vor die Prüfung gestellt ist, ob es das Gedachte durch lebendige Erfahrung einlösen kann. In einer Zeit vielfach versuchter und suchender Jugendlichkeit war das keine bequeme Forderung, und sie widersprach überdies der allgemeinen Hochwertung der Originalität, des Neuen, der schweifenden Vielseitigkeit des Interesses, wie sie im literarischen und wissenschaftlichen Leben galten.

In den zwanziger Jahren wirkten sich die politischen Ambitionen des Kreises darin aus, daß seine Anhänger vielerorts in die Universitäten eindrangen. Ich nenne als die wichtigsten Universitäten, an denen sich der Kreis um Stefan George Wirkung verschaffte: Heidelberg, Marburg, Gießen, Kiel, Berlin, Bonn, Frankfurt, Basel und Hamburg. Sicherlich fehlen dabei manche andere. Damals begannen Anhänger und Freunde Georges wissenschaftliche Positionen zu erwerben: Gundolf und Wolters, Bergstraesser, Bertram, Salin, Böhringer, Scheffold, von den Steinen, Hildebrandt, Singer, von Blumenthal, Andreae, von Üxküll, Landmann, Petersen, Stauffenberg u. a. Das waren nicht immer Namen von erstem Rang in der Wissenschaft, aber das eine Beispiel von Ernst Kantorowicz zeigt durch sein großes Werk über Friedrich II., daß die Maßstäbe, die durch die Erfahrung und das Vorbild Georges gesetzt waren, auch zu echter geschichtlicher Erkenntnis ermächtigten.

Dazu kam das Eindringen des George-Kreises in manche anderen Berufsschichten. Unter dem Antrieb des politischen Ehrgeizes von Wolters wurden damals, nach dem Ersten Weltkriege, Beziehungen zu den nationalen Jugendverbänden aufgenommen und sowohl innerhalb des Heeres wie in der Verwaltung und der Diplomatie eine personelle Politik der Ausbreitung des neuen inneren Staates verfolgt. Darüber ist die Weltgeschichte hinweggegangen. Wolters starb früh, Max Kommerell fiel von seinem Meister ab, und es gab dergleichen Ereignisse mehr, die dann in dem Jahre 1933 ihre letzte Zuspitzung erfuhren, in dem die fortschreitende Tendenz zur politischen Wirkung des ›Kreises‹ zum Scheitern kam. Aber wie groß und dauerhaft auch während des Dritten Reiches der Glaube an das ›geheime Deutschland‹ war, bezeugt die Zugehörigkeit des Attentäters Graf Stauffenberg zu diesem Kreis. George selbst verließ Deutschland schon 1933. Viele seiner Freunde waren durch die Nürnberger Rassengesetze betroffen und verließen Deutschland ebenfalls.

Das Jahr 1933 bedeutete im Grunde weniger den Höhepunkt als den letzten Endpunkt der großen öffentlichen Wirkung Georges. Als Max Kommerell im Jahre 1930 einen Frankfurter Vortrag über *Jugend ohne Goethe* hielt und veröffentlichte, erinnere ich mich meines Erstaunens beim Lesen dieser Rede. Kommerell sagte dort, daß die Jugend keinen Zugang zu Goethe habe, weil sie allzu ausschließlich von der Dichtung Stefan Georges eingenommen sei. Das war schon da-

14

mals nicht richtig. ›Jugend ohne George‹ wäre für die damalige Generation ein noch richtigerer Titel gewesen. Denn es bestand die erstaunliche Tatsache, daß nach einem Aufstieg von zwanzig, fünfundzwanzig Jahren der Vorbereitung und einer Blütezeit in den zwanziger Jahren die öffentliche Wirkung Georges und seine dichterische Präsenz ganz rasch verblaßten. Das mag viele Gründe haben, am Ende aber auch den, daß die große dichtungspolitische Entschiedenheit, die von George und seinem Kreis ausging, gegen einen anderen großen Dichter der deutschen Sprache ein Verdikt gesprochen hatte, das ihn beschattete, so daß er mit einer Art von angestauter innerer Strahlkraft nun in das allgemeine Bewußtsein zu treten begann: Rainer Maria Rilke, dessen Spätwerk, die Duineser Elegien und die Sonette an Orpheus, sich damals durchsetzte. Die ganzen Jahre des Dritten Reichs wirkte Rilke fast wie ein Dichter der Résistance, nicht zuletzt dadurch, daß der hochgetriebene Manierismus seines dichterischen Stils zu der sich uniformierenden Öffentlichkeit von damals einen extremen Kontrast bildete.

Das soll gewiß nicht heißen, daß nicht die dichterische Meisterschaft Georges, vor allem die epigrammatische Kraft seiner Sprache, beständig weiterwirkte, wie man etwa an Gottfried Benn und Paul Celan beobachten kann. Aber die Zeit der großen Öffentlichkeit Georges war vorbei.

Wenn wir uns heute besinnen, was uns George bedeutet, so erschwert die eigenartige und ungewöhnliche Wirkung, die von ihm ausging, dies Unternehmen. Es sind ebenso die positiven Vorurteile der bedingungslosen Verehrer, wie die negativen der entschlossenen Gegner, die der Besinnung im Wege stehen. Die Vorurteile gegen George haben dabei im heutigen Zeitbewußtsein durchaus den Vorrang. Man ordnet George in die Kritiker der technischen Zivilisation des Jahrhunderts ein, denen mit Recht vorgehalten werden kann, daß sie von dem leben, was sie bestreiten. Man kritisiert Georges aristokratische Fernstellung von dem Leben der arbeitenden Massen – man denke an den provozierenden Vers ›schon ihre Zahl ist Frevel‹, der freilich mehr die Krämer als die Arbeitenden meint. Es gibt das Vorurteil der Wissenschaft, das sich darauf gründet, daß George der Wissenschaft seinerseits mit Kritik und Skepsis gegenüberstand und mehr die geistige Wirkung als die Objektivität wissenschaftlicher Wahrheitsforschung suchte. Es gibt das Vorurteil, das gegenüber dem Einformungsanspruch, der von George ausging, die individuelle Differenzierung vermißt. Es gibt die Despotie des Erziehers George, die von einer Härte des Ansichreißens wie von einer Härte des Verwerfens war, die viele verletzt hat und verletzt, und es gibt schließlich und vor allem die Ablehnung der Selbststilisierung, die Georges Figur umgibt und die er selber etwa in einem Brief an Sabine Lepsius bekennt, in dem es heißt:

›Ich kann mein Leben nicht leben es sei denn in der vollkommnen geistigen Oberherrlichkeit. Was ich darum streite und leide und blute dient keinem zu wissen. Aber alles geschieht ja auch für die Freunde. Mich so zu sehen wie sie mich sahen ist ihr stärkster Lebens-

16

trost. So streit und duld und schweig ich für sie mit. Ich gehe immer und immer an den äußersten Rändern – was ich hergebe ist das letzte mögliche ... auch wo keiner es ahnt.‹

Die Selbststilisierung, die auch aus Georges Dichtungen spricht, ist es wohl vor allem, die für viele den Zugang zu seinem dichterischen Werk erschwert.

Auf der anderen Seite stehen die Vorurteile für George, die nicht minder hinderlich sind. Wohl jeder, der ihm begegnet ist, bezeugt die bezwingende Macht seiner Person. Es scheint nicht zuviel gesagt, daß es damals kaum jemand anderen gab, von dem eine solche bannende Kraft ausging. Wir können noch heute beobachten, wie groß die Macht war, die von diesem dämonischen Menschen sowohl auf Ältere wie auf Jüngere ausgeübt wurde, wenn wir sehen, wie diese Männer bis zu ihrer letzten Stunde nie ganz von dem Bewußtsein der Abhängigkeit, der Unterordnung, der freiwilligen Unterwerfung unter den überlegenen Willen und die überlegene Weisheit des Meisters freigeworden sind. Es ist der Erfolg des Menschenbildners George, der unsere Besinnung auf eigentümliche Weise erschwert.

Jeder Menschenformer erzeugt gerade dadurch, daß er die imitatio, die produktive Nachahmung, auf sich zieht, eine Art Echoeffekt, und damit verunklärt sich die eigene Stimme dessen, von dem dies Echo ausgelöst wird. Das ist ein notwendiges Gesetz geistiger Wirkung, und jeder Lehrer und Erzieher weiß etwas von der Macht und dem Elend dieses Echoeffekts. Das wird noch verstärkt durch die hohe Bewußtheit, mit der

17

George seine eigene Wirkung plante und lenkte. Es ist eine Art selbstgeschaffener Dogmatik, die alle Biographien des George-Kreises durchzieht. Ob man nun das Buch Gundolfs von 1920 oder das Buch von Wolters über George von 1928 in die Hand nimmt oder eine der großen Gestaltbiographien, die aus dem George-Kreis hervorgegangen sind, immer begegnet hinter den geschichtlichen Figuren ein auf eine in sich konsistente Werttafel gegründetes Urbild, das ihnen allen eine gewisse Familienähnlichkeit verleiht und geschichtliche Unterschiede verdeckt. Das ist nicht immer ein Erkenntnisgewinn. Wenn es etwa bei Gundolf heißt, daß George der einzige antike Mensch unserer Tage war, so ist eine solche Äußerung so sehr aus der Selbstauffassung Georges und seiner Freunde heraus gedacht, daß mit ihr nicht wirklich etwas gesagt ist.

So möchte ich Stefan George nicht in der ganzen Beziehungsfülle, die sein Name und seine Person bedeuten, sondern als den Dichter behandeln, in dessen dichterischem Werk das Bleibende und das Geschichte-Machende der großen Persönlichkeit beschlossen ist. Es gilt, seine Dichtung zu befragen, als was sie bleibt und besteht.

Georges dichterischer Ton hat eine eigentümliche Erweckungskraft. Zwar waren es immer nur wenige, die davon erweckt wurden, aber bis heute gibt es immer wieder solche wenigen, dichterisch empfängliche Menschen, die davon erreicht werden. Wieder gebe ich ein Beispiel aus der eigenen Erfahrung. Ich war noch Gymnasiast, als ich, nicht durch ein Elternhaus geleitet,

18

weil dessen Interessen ganz woanders, in den Natur-
wissenschaften lagen, an Lyrik heranzukommen ver-
suchte. Ich kaufte mir eines Tages, von niemandem be-
raten, eine Anthologie der modernen Lyrik, die bei
Reclam erschienen war. In der Einleitung derselben
fand ich eine Klage des Herausgebers Hans Benzmann,
daß der Dichter Stefan George leider den Abdruck von
Gedichten nicht genehmigt habe. Der Herausgeber be-
dauerte das, und in der typischen Weise, in der nun
einmal rechtliche Schwierigkeiten umgangen zu werden pflegen, benutzte er die Einleitung, um zwei Gedichte von George in vollem Wortlaut zu zitieren. Diese
beiden Gedichte wirkten auf mich wie die Berührung von einem elektrischen Schlage. Ich hatte keine
Ahnung, wer das war. Der Druck war eine gräßliche
Fraktur, so wie die Reclamhefte der Zeit eben waren.
Doch war der Kleindruck immerhin beibehalten – soviel Treue gegenüber dem Text hatte sich der Herausgeber bewahrt. Wie ich noch immer weiß, waren es
zwei Gedichte aus dem *Teppich des Lebens* (»Blaue
Stunde« und »Juli-Schwermut«). Sie hatten einen so
eigenen Ton und waren etwas so Unverwechselbares,
daß man innerlich auf die Suche ging, wo der Ton dieses Dichters noch zu hören sein möge.

Ich beschreibe diese eigene Erfahrung, weil ich weiß,
daß das bis heute so sein kann und immer wieder so
ist. Es scheint mir nun der Gegenstand einer vernünf-
tigen Selbstbesinnung, sich zu fragen, worauf das beruht. Soviel ist klar: George ist in einem solchen Grade
vom Willen zur Kunst beherrscht, daß auch sein dichterischer Stil und seine Sprechhaltung sich durch ihre

Ungewöhnlichkeit gegen alles Zeitgenössische abhoben. Dem entspricht, daß er mit der sogenannten »Stilbewegung« gleichzeitig war, dem Jugendstil, dessen lange verkannte Bedeutung darin lag, daß er dem historisierenden Wust des späten 19. Jahrhunderts einen reinigenden, auf einfache Formen zurückführenden Stilwillen entgegensetzte. Es ist bemerkenswert, daß man dieser neuen Stilbewegung, die schließlich ›Jugendstil‹ hieß, heute auf der Seite der bildenden Kunst wieder steigendes Interesse entgegenbringt, während das beständige Fortleben des dichterischen Wortes Georges den Stilwiderstand des öffentlichen Zeitgeschmacks noch nicht zu überwinden vermag.

Zeitgeschmack ist eine eigene Macht, die darüber bestimmt, was einen überhaupt zu erreichen und zu berühren vermag. Geschmack hat dadurch seine bestimmende Gewalt, daß er Erwartungen und Auffassungsschemata vorbereitet, gegen die nicht verstoßen werden darf, wenn nicht selbst die größte künstlerische Qualität unkenntlich werden soll. Man denke etwa daran, wie erst der ›Sturm und Drang‹ im 18. Jahrhundert einen solchen Einbruch in die Geschmackserwartung der Zeit darstellte, daß er Shakespeare entdeckte. Der Geschmack ist eben eine Art Oberflächensinn und reagiert wie eine empfindliche Haut auf jede Berührung. Er erschöpft aber durchaus nicht das, was an der Kunst Kunst ist. Das muß man sich heute auch im Falle George klarmachen. Der Abstand zu den Geschmackserwartungen der eigenen Gegenwart, ihrer Wendung zum Unpathetischen, zum Reportagehaften, zur provokativen Desillusionierung, zur Zersprengung der hergebrachten dichterischen Formen ist groß. All das steht offenbar in schärfstem Kontrast zu dem, was die Georgesche Dichtung von uns verlangt.

Da ist zunächst Georges bewußte Betonung der Kunst und der Künstlichkeit des dichterischen Wortes. Sie spricht sich schon in dem Titel der *Blätter für die Kunst* aus. Nur von hier aus gibt es einen Zugang zu dem, was Georges Dichtung ist. Man spürt an dem Worte »Kunst«, wie George und seine Freunde es gebrauchen, die Nähe der augusteischen Kunst, der großen Dichter Roms um die Zeitenwende, vor allem Vergil und Horaz, die den Anspruch erhoben, eine eigene, der griechischen ebenbürtige Dichtung zu schaffen. Diese Nähe spüren bedeutet die Ferne ermessen, die für das Verständnis der Georgeschen Kunst heute zu überwinden ist. Georges römische Willensstrenge, die imperatorische Knappheit und Bestimmtheit seiner Sprache, das bewußte Hervorkehren des Kunstvollen an der Kunst, wie es in seiner Dichtung zutage tritt, ist dem Ideal der natürlichen Liedhaftigkeit, wie es seit der Goetheschen und der Nach-Goetheschen Lyrik den Maßstab bildet, denkbar fern. Hier ist eine Goldschmiedekunst des Wortes am Werke, die das Köstliche, das Kostbare und Seltene sprachlicher Preziosen mit Bewußtsein zumutet. Es ist nicht zuletzt das Vorbild von Mallarmé gewesen, den George als junger Mann in Paris kennenlernte, dem er seinerseits folgte. Anfangs mag er sich geradezu so verstanden haben, daß er diese *poésie pure*, die neue Musikalität des lyrischen Gedichtes, wie er sie an Mallarmé bewunderte, im deutschen Sprachstoff nachbilden und sein Vorbild

21

im deutschen literarischen Leben wiederholen wollte. Was hier Musikalität der Sprache heißt, meint die vollständige innere Zusammenfügung von Klang und Bedeutung, von Meinen und Sein des Wortes. Sie stellt eine höchste Steigerung der Möglichkeiten des dichterischen Wortes überhaupt dar, das immer zwischen Klang und Bedeutung vielfache Möglichkeiten des Gleichgewichts hält. Die äußerste Steigerung der dichterischen Musikalität bedeutete folgerichtig die Abkehr von der Musik, sofern dieselbe sich von dem Wort und der Bedeutung löst und als freigesetzte Musikalität autonom wird. Der George-Kreis sah in der ›absoluten‹ Musik eine auflösende Seelenmacht. Dagegen verbindet die lyrische Musikalität mit dem Klang den Sinnrythmus. Sie schaltet den gegenständlichen Sinn des sprachlich Gesagten nicht aus, indessen bindet sie ihn vollständig in die dichterische Klangbewegung ein. Der Grad der verständnisvollen Bewußtheit, mit der solche klangvollen Verse in ihrem Sinn erfaßt werden, ist daher sehr großer Steigerung bzw. Abdämpfung fähig, ohne daß der dichterische Gesamteindruck entschwindet.

Das rechtfertigt die Anwendbarkeit des Begriffes des Magischen auf den dichterischen Wortgebrauch Georges. Im magischen Gebrauch des Wortes ist das Verständnis der Worte offenkundig nicht ganz ferngehalten, aber es ist sekundär gegenüber den eigentlichen Wirkungsfaktoren. Im magischen Sprechen liegt eine ungewöhnliche Konzentration von Wille, und in der Tat ist auch George in seinem Werk ganz Wille. Das magische Wort ist ferner ein Wort, das verwandelt, das nicht nur gehört und verstanden wird, ja das überhaupt nicht primär verstanden wird, sondern im Hören ergreift wie die Beschwörung von Geistern. Etwas, das vorher nicht war, ist da, und durch keinen natürlichen Vorgang, nicht herbeigeführt durch spezifische Mittel wie im handwerklichen Tun, sondern gerade durch das Unspezifische der Mittel wie beim Zaubern. Daher hat die magische Wirkung, auch die Georges, etwas Unbegreifliches und etwas, dem man sich nicht durch den Einspruch rationaler Kritik entziehen kann.

In der späten, reifen Form seines Werkes verlangt George darüber hinaus, ähnlich wie im religiösen und kultischen Formelgebrauch, eine Auffüllung dessen, was durch die Sprache präsent gemacht wird – wie man eine Verfluchung spricht und doch die ›Annahme‹ des Spruches seitens des Hörenden den Fluch erst vollstreckt. Je mehr das dichterische Werk Georges sich mit dem Anspruch kultischen Sinnes durchdringt – das erreicht seine Höhe im *Stern des Bundes* —, desto mehr verlangt es solche Auffüllung. Dem entspricht auch die eigene Form des Hersagens von Gedichten, die George gepflegt und auf die hin er seine Jünger geschult hat. Zwar dürfte es wiederum so sein, daß der gute Sprecher, d. h. der, der auf seine eigene Weise dem rhythmischen Gesetz des Gedichtes gehorchte, auch in Georges Augen der beste gewesen ist und nicht der, der gleichsam ein monotones Ritual vorführte. Aber auch dann blieb das Sprechen, wie es in diesem Kreise gepflegt wurde und wie es zu Georges eigener Dichtung durchaus gehört, ein Hersagen. Man vermied im George-Kreis Fremdworte, wenn man konnte. Und

23

so hieß das Sprechen von Gedichten (nicht erst bei Robert Boehringer, sondern schon in den frühen Folgen findet es sich so) ›Hersagen‹. Hersagen bedeutet Heraussagen für andere, für die Hörenden. Es ist nicht, wie ich etwa als Gegenwendung, vor allem im Blick auf den damals ins Bewußtsein tretenden dichterischen Ton Hölderlins, sagen würde, ein ›Hinsagen‹. Der Hölderlinsche Vers ist ein hingesagter Vers, ein Vers, den man vor sich hin spricht, wie in einer meditativen Versenkung. Der Georgesche Vers will mit Bewußtsein vor anderen gesprochen werden.

Es gilt, das in seiner künstlerischen Berechtigung zu erkennen und nicht die herrschenden Sprechgewohnheiten oder den Zeitgeschmack der Gegenwart über die Legitimität eines solchen Hersagens richten zu lassen. So glaube ich, daß Gundolf recht hat, wenn er von George sagt, daß er die deutsche Sprache des katholischen Zaubers mächtig gemacht habe. Darin liegt sein Einzigartiges. Denn unsere deutsche Dichtungsgeschichte ist selbst dort, wo es sich um katholische Dichter handelt, wie Eichendorff oder Hofmannsthal, von der Inständigkeit des Hinsagens bestimmt, das heißt aber von der protestantischen Wendung der christlichen Innerlichkeit, die in Luthers Bibeldeutsch ihren festen Grund hat. Georges Werk bricht in diese Tradition wie etwas Fremdartiges ein, weil es den liturgischen Zauber des Sinnlich-Klangvollen und des Zeremonienhaften zu seinem Grundgesetz hat.

Fragen wir uns, welche Kunstmittel George gebraucht, um der deutschen Sprache, die auch bei ihm die Spra-

24

che Luthers und des Bauern ist, diesen einzigartigen neuen Ton abzugewinnen. Da ist zunächst sein Spracharchaismus. Es ist bezeichnend, daß ausländische Freunde Georges, die ihm als Person begegnet waren und ihn verehrten, dennoch große Schwierigkeiten hatten, Georgesche Verse zu verstehen. Es sind zu viele für den Ausländer unbekannte Ausdrücke darin. Damit ist nicht eine Erfindung neuer Worte gemeint. Das ist nicht Georges Art, auch nicht die gewaltsame Umdeutung überkommener Wortbedeutungen. Sein Spracharchaismus beruht vielmehr darauf, daß er frühe Wortformen der deutschen Sprachgeschichte neu erweckt und aus der Sprache des Bauern und Handwerkers seiner Heimat die eigene Sprache bereichert.

Ein wesentliches Moment dieses Archaismus ist, daß George die Macht des Simplex, der einfachen Form, entdeckt hat. Was das Einfache im Gegensatz zum zusammengesetzten Wort, das einfache Verbum, das einfache Nomen im Gegensatz zum Kompositum leistet, ist, scheint mir, daß es die nach vorn und hinten verweisenden Bezüge des Wortes beschneidet. Wenn etwa George statt Ankunft »Kunft« sagt, so ist mit diesem Worte Kunft das Kommen selbst gegenwärtig gehalten und wird nicht wegbezogen auf ein Woher und Wohin. Das einfache, unzusammengesetzte Wort drängt also den Bezugscharakter des Wortes zugunsten seiner Kraft, Gegenwärtiges zu evozieren, zurück. In Begriffen Gundolfs gesprochen: Die Substanz der Worte tritt vor ihre Funktion, so wie auch sonst nach Georges Lehre über dem Funktionalismus des modernen Lebens die Substanz verkannt und wiederzuentdecken ist. Mit der Bevorzugung des Simplex gelingt die Nennung dessen, was ist.

Die weitere Folge ist, daß das, was wir in der Grammatik die Syntax nennen, d. h. die sprachlichen Mittel der Zusammenfügung von Worten, hier durch etwas anderes ersetzt wird, das weniger geläufig, härter im Anspruch, und nicht so sehr von einem zum anderen hinleitend ist. Es ist das, was schon Hellingrath (für Hölderlin und von Pindar her) die ›harte Fügung‹ genannt hat. Die dichterischen Bindemittel, die es auch hier geben muß, damit wir nicht Worte, sondern Sätze lesen, sind nur zum kleinsten Teil die unserer grammatischen Syntax. Es sind recht verschiedenartige Bindemittel, die George verwendet, um aus den Wortblöcken des Genannten durch sprachliche Klangmittel Einheit der Rede und Gegenwart des Gemeinten hervorgehen zu lassen.

Das erste dieser Mittel möchte ich die ›Entmachtung des Endreims‹ nennen. Das Schwergewicht, das in der deutschen Literatur, vor allem in der Entwicklung der romantischen und nachromantischen Poesie, auf den Endreim fiel, verliert im Versbau Georges sein Gewicht. Das Mittel, durch das George die Entmachtung des Endreims herbeiführt, ist die Spannungsdichte, die er dem Versinneren verleiht. Es ist das Mittel der Assonanz und der Binnenvokalisation, das wir hier mit einzigartiger Bewußtheit eingesetzt finden und das das Formniveau der deutschen Dichtungssprache mächtig gesteigert hat. Die Vokalisation, die innere Klangkomposition des Versganzen, verleiht durch ihre Assonanzen und Symmetrien, ihre Antithesen und Reduplika-

26

tionen, durch ihr Spiel von Höhe und Tiefe dem End-
klang des Reimwortes ein leichteres Schweben.

Dadurch wird – das ist das dritte – das Versende,
weil die Reim-Schwere gemildert ist, für das Halten
des Tones freigegeben. Wer einmal George-Verse hat
lesen hören, wie George selber und seine Jünger sie
lasen, weiß, daß das Endwort nicht wie sonst die Stimme sinken läßt, sondern daß die Stimme in der Höhe
gehalten wird. Das ist nur möglich, wenn das Gewicht
der Binnenvokalisation eines Verses den ausklingen-
den Verston gleichsam verschweben lassen kann. Das
aber verstärkt die Einheit des dichterischen Tones im
ganzen. Hier vor allem scheint mir zu entspringen,
was die eigentümliche und unverwechselbare Wirkung
Georgescher Gedichte ausmacht. Denn es kommt eine
Art Bogenführung in das Gedicht, die in dieser Weise
nirgends in der deutschen Dichtung da ist. Georges Bogenführung ist sehr anderer Art als etwa die Bogenführung einer Hölderlinschen Hymne, die wie eine
große Architektur wirkt. Dort wird auf einen ferngе-
setzten Markstein hin ein weitausholender Wurf ge-
wagt, der sich am Ziele erfüllt und löst, ein inniges
Gestammel der Fülle und Überfülle. Hier, bei George,
beruht der große Bogen, der seine Verse zu höheren
Einheiten zusammenfaßt, auf ganz anderen Mitteln.
Es ist vor allem die Wiederholungsform und die Steigerung in der Wiederholung, durch die seine Bogenführung zustande kommt, ein Sichüberlagern und ein
Aufschwung bis zu einer höchsten Erhebung des dichterischen Tones. Wieder sind es die gleichen Mittel
einer inneren Komposition des Lautgebildes, des

27

Klangleibes der Worte, die hier verwendet werden. Aber dazu kommt die Kurzform Georgescher Sätze. Sie läßt die rhythmische Einheit zugleich Sinneinheit sein und macht dadurch Wiederholung und Steigerung auf einfache Weise möglich. Das ist in der deutschen Verskunst etwas Einzigartiges. Es ist die melodische Substanz des Gregorianischen Chorals, der Georges ›Ton‹ dichterisches Leben verliehen hat.

In einem lebendig gewachsenen dichterischen Werk wie dem Georges sind die Kunstmittel natürlich nicht überall die gleichen. Die Art, wie dieselben in seinen frühesten Dichtungen verwendet werden, ist noch recht anders. In ihnen ist eine gewisse Überdeutlichkeit, die das Kunstvolle der Arbeit unterstreicht, aber zugleich auch, im Vergleich zu der Tiefendimension, die dem späteren Werk seinen sonoren Klang verleiht, etwas Flächiges behält. Die innigste Verbindung aller sprachlichen Mittel zu einer Kunstwirkung, die fast etwas von einer zweiten Natur an sich hat, zeigen die mittleren Bücher, insbesondere das *Jahr der Seele* und der *Teppich des Lebens,* die eben deshalb leichter eingehen als das künstlich verfeinerte Frühwerk und der hohe Ton kultisch-stilisierter Rede in den späteren Bänden. Aber es ist methodisch richtiger, nicht mit dem größten Einklang der von mir beschriebenen Vers- und Sprachmittel einzusetzen, sondern mit Vorklängen und Nachgestalten dieses Einklangs, weil diese die Mittel als solche deutlicher zur Abhebung bringen.

Ich beginne mit einem frühen Gedicht, um zu zei-

28

gen, wie George seine Sprechhaltung aufbaut. In *Algabal*, einem der ersten Gedichtbände, klingen die Assonanzen im Vers und alles, was die Binnenvokalisation trägt, noch überdeutlich heraus, und dem entspricht, daß die Entmachtung des Endreims ihrerseits noch nicht auf der vollen Höhe der Unmerklichkeit ist, die das mittlere Werk Georges erreicht. In dem Schlußgedicht von *Algabal*, »Vögel«, heißt es:

Weiße schwalben sah ich fliegen,
Schwalben schnee- und silberweiß,
Sah sie sich im winde wiegen,
In dem winde hell und heiß.

Das ist eine fast stabreimhafte Dichte der Assonanzen und eine Form der Wiederholung von Worten, die ihnen nahezu den Charakter einer magischen Zauberformel verleiht. Das Gedicht wiederholt die Einleitungsstrophe beinahe wörtlich am Schluß und unterstreicht dadurch noch, indem es eine Refrainwirkung erzielt, die magische Funktion.

An einem zweiten Beispiel, das ich aus den *Hängenden Gärten* wähle, möchte ich zeigen, wie sich mit den beschriebenen Mitteln die Steigerung und der Aufschwung ergeben, die ich als das Unvergleichliche des Georgeschen Tones charakterisiert habe.

Als durch die dämmerung jähe
Breite röte sich wies·
Balsamduft mich umblies·
Kannt ich die freundliche nähe:

29

Stammes boden und mauern.
Stolz und mit glücklichem schauern
Wandel der seele geschah
Als ich die üppig und edel
Zu mir sich neigenden wedel
Erster palmen wiedersah.

Hier werden die drei letzten Verse zu einer höheren rhythmischen Einheit zusammengeschlossen. Dazu verhilft einmal die Sinneinheit des durch »als« eingeleiteten Satzes, die ein Reimgefüge von der Form a b b a hinter a sprengt. Aber die rhythmische Wirkung dieses Zusammenschlusses wird ihrerseits durch die Sinnzäsur vorbereitet, die in der Mitte des Gedichtes das einzige einfache Reimpaar, von der Form a a, zerspaltet und seine beiden Teile je nach vorn und hinten verspannt. So steigert die erste Zäsur hinter »Mauern« die zweite hinter »geschah«, die die chiastische Folge a b b a zerteilt. Das ist das rhythmische Gerüst, über dem sich der Bogen des Schlusses erhebt, Klang und Bedeutung zu einer großartigen Einheit verschmelzend: der Gebärde breiten Ausladens von sich wie ein Teppich entrollenden Palmenblättern, die durch das Reimpaar edel – Wedel gebildet wird, folgt das schlanke und steile Aufsteigen zur Höhe von Sinn und Klang, in der sich die Heimkehr der Seele vollendet.

Zwei Proben aus dem mittleren Werk mögen zeigen, wie sich die Kunstmittel in eine fast liedhafte Einfachheit der Wirkung zurückziehen. Das erste aus den »Traurigen Tänzen« im *Jahr der Seele* möchte

30

zugleich deutlich machen, mit welchem Rechte Gundolf von dem »katholischen« Zauber spricht, den George der deutschen Sprache gewonnen habe:

Wie in der gruft die alte
Lebendige ampel glüht!
Wie ihr karfunkel sprüht
Um schauernde Basalte!

Vom runden fenster droben
Entfließt der ganze glanz·
Von feuriger monstranz
Mit goldumreiften globen

Und einem weißen lamme –
Und wenn die ampel glüht
Und wenn ihr kleinod sprüht
Ist es von eigner flamme?

Wieder ist der Aufbau voll kunstvoller Symmetrie und Asymmetrie. Die Reimfolge a b b a hält sich zwar durch alle drei Strophen durch, aber die Sinnzäsur, die die drei letzten Verse von den vorausgehenden trennt, bildet, rhythmisch gesehen, einen deutlichen Hiat, der von unglaublicher Wirkung ist: Die drei Schlußzeilen werden eine einheitliche Bewegung, verstärkt noch durch die refrainhafte Aufnahme eines Reimpaares aus der ersten Strophe, und leiten ein sursum corda ein, das in dem fragenden Auflaut des Endwortes über sich hinausschwingt. Das ist die Bogenführung des Gregorianischen Chorals.

Ein Beispiel aus dem *Teppich des Lebens,* das durch seine Einfachheit ausgezeichnet ist, »Nachtgesang I«, möge die Sprachkunst, die solche Bogenführung bildet, weiter verdeutlichen:

Mild und trüb
Ist mir fern
Saum und fahrt
Mein geschick.

Sturm und herbst
Mit dem tod
Glanz und mai
Mit dem glück.

Was ich tat
Was ich litt
Was ich sann
Was ich bin:

Wie ein brand
Der verraucht
Wie ein sang
Der verklingt.

Auch hier sind Dissonanzen von Klang- und Bedeutungseinheit bewußt eingesetzte dichterische Mittel. Der dritte Vers der ersten Strophe hat hinter Saum eine Sinnzäsur, die die rhythmische Symmetrie des Versmaßes verletzt. Zwar vergißt man die Wunde fast über der wohlabgewogenen Antithese der beiden

32

folgenden Verspaare, in denen Herbst und Mai, Tod und Glück einander entsprechen. Dazu kommt, daß der Vers »Mein geschick«, der die neue Sinneinheit anheben läßt, durch den einzigen Reim, der im Gedichte vorkommt, auf das folgende hin gebunden ist (geschick/glück). Dennoch soll die Dissonanz gehört werden. Denn nur dank ihrer gewinnt die zweite Hälfte des Gedichtes ihre volle harmonische Wirkung. Tun und Leiden, Singen und Sein schweben in einem gelösten Gleichgewicht, das etwas von der Leichtigkeit des Tanzes hat; das Verrauchen eines Feuers und Verklingen eines Liedes sind nicht nur in dem rhythmischen Verklingen der Verse selber gegenwärtig – in ihnen ist mit gegenwärtig, daß es ein Lebenslied ist, das dergestalt verklingt. So ist der volle Einklang von Klang und Bedeutung erreicht.

Die oben geschilderte innere Verlagerung des eigenen Lebensbewußtseins des Dichters, wie sie durch das Maximin-Erlebnis und die Stiftung des Gedenkkultes an Maximin Georges späteres Schaffen und seine Lebensgestaltung beherrschte, zeigt sich im Spätwerk Georges auch auf stilistische Weise. Hier vor allem wird die Auffüllungsbedürftigkeit seiner Verse zu einer bewußten Forderung. Solche Auffüllungsbedürftigkeit ist in religiösen Urkunden nichts Ungewöhnliches. Wir halten es etwa für ganz selbstverständlich, daß die großen Texte des Neuen Testamentes, am literarischen Maßstab von Wortkunst gemessen, weit unter dem sind, was sie als religiöse Urkunden bedeuten. Das heißt nichts anderes, als daß die Auffüllung, die durch den Verkündigungssinn der Texte gefordert

33

wird, vom Glauben geleistet wird. Nun handelt es sich im *Stern des Bundes,* wie ich meine, nicht um eine religiöse Bewegung oder einen echten religiösen Kult, der sich neben oder gegen den Anspruch der christlichen Kirche stellen möchte. Was George für die dichterische Deutung des Maximin-Erlebnisses aufbietet, sind vielmehr Inkarnationsmetaphern. Wenn man das Maximinbuch des *Siebenten Ringes* genauer analysieren wollte, ließe sich zeigen, wie George sein Maximin-Denkmal im ständigen Blick auf die religiösen Urkunden des Christentums metaphorisch-poetisch errichtet hat. Gleichwohl sind auch solche Verse, und deutlicher noch die im *Stern des Bundes,* der Auffüllung bedürftig. Wenn es da heißt:

Den leib vergotten und den gott verleiben

so ist das mehr eine Formel von der Art von Glaubensformeln, als daß das Gemeinte hier im Worte dichterisch präsent wäre. Eher ist es hier die kunstvoll geordnete Folge von Gedichten, die das Formelhafte bundstiftender Parolen dichterisch trägt. Das Beispiel aus dem *Stern des Bundes,* das ich gebe, mag in einem doppelten Sinne repräsentativ sein: für die Bedeutung, die das Maximin-Erlebnis als Unterpfand für die Hoffnung auf Erneuerung des ganzen vaterländischen Lebens für George besaß, als auch dafür, wie sich sein Stil ins Didaktische, ins Lehrhaft-Fordernde steigert, so daß die innere Präsenz des Gemeinten dem Worte durch die Auffüllung seitens des Hörers zuwachsen soll:

34

Nun wachs ich mit dir rückwärts in die jahre
Vertrauter dir in heimlicherem bund.
Du strahlst mir aus erlauchter ahnen werke
Entzückten fehden und berauschten fahrten
Und wesest wach wie schamvoll auch verhüllt
Im weisesten im frömmsten seher-spruch.
Was über noch so stolze nachbarn fürstet –
Im blut ein uralt unerschöpftes erbe:
Du wirfst in fristen fruchtend in das all
Ein zuckend lohen eine goldne flut.
Wie muß der tag erst sein· gewähr und hoffen·
Wo du erschienen bist als schleierloser
Als herz der runde als geburt als bild
Du geist der heiligen jugend unseres volks!

Auch diese Verse sind Zeugnis hoher Kunstübung:
Das großartige Proömium der ersten zwei Verse, der
Aufschwung der letzten vier Verse, die Prachtgebärde
des Mittelstücks. Dennoch trägt das alles nur, wenn
vom Leser oder Hörer die liturgische Haltung eingenommen wird, die dem einzelnen Gedicht seine Funktion im ganzen leiht. Das durch das dichterische Wort
zu bewirken, ist der Sinn der Kompositionsstrenge,
mit der dieser Gedichtband aufgebaut ist.
   Der Schlußchor des Bandes ist nur wie ein Siegel
auf das Ganze. Daß solche steile Selbststilisierung
mehr fordert, als die Lesererwartung zu leisten bereit
ist, muß man zugestehen. Hier beginnen die Grenzen
sich zu verwischen, die zwischen der dichterischen Wirkung Georges und der Macht seiner menschenbildneri-
schen Leidenschaft bestehen.

Indessen zeigt der letzte Gedichtband *Das neue Reich*, der offenbar eine Sammlung in das strenge Gefüge des vorigen Bandes nicht einzufügender Gedichte mit neueren Gedichten vereinigt, die ganze Schwingungsweite des Georgeschen Tones, von der prägnanten dramatischen Wechselrede über den hochstilisierten Seherspruch bis zum fast volksliedhaften schlichten Sang. Hier finden sich Gedichte, in denen sich die Willensspannung lockert, die der Selbststilisierung Georges zugrunde liegt. Die Spannung zwischen dem Für-andere-Sein, zu dem sich George in seiner Lebensführung wie in seinem dichterischen Werk bekennt, und dem Für-sich-Sein des großen Einzelnen, der von eh und je ein Einsamer ist, wird zwar in der Intensität der Georgeschen Sprachkunst überall spürbar, und der Ton des Verzichts, der Bescheidung, des Nichtwissens und des Leidens ist in seinem ganzen Werke ein beständiger Unterton, von den Schwermuts- und Trauergebärden der frühen Bände bis in das späte, immer härtere, immer sparsamere Schaffen hinein. Aber jetzt findet das Schicksalsgefühl des Dichters unmittelbaren dichterischen Ausdruck. So mag eines der schönsten Gedichte aus dem *Neuen Reich*, dessen geheimnisvoll-dunkler Liedklang solchen Bekenntniston hat, am Schlusse stehen:

Horch was die dumpfe erde spricht:
Du frei wie vogel oder fisch –
Worin du hängst· das weißt du nicht·

36

Vielleicht entdeckt ein spätrer mund:
Du saßest mit an unsrem tisch
Du zehrtest mit von unsrem pfund.

Dir kam ein schön und neu gesicht
Doch zeit ward alt· heut lebt kein mann
Ob er je kommt das weißt du nicht

Der dies gesicht noch sehen kann.

Das Gedicht gilt als schwierig, obwohl sein Thema durch seinen Rhythmus klar und zwingend angegeben ist: Der Spruch der Erde, die alles weiß und alles in sich zurücknimmt, läßt den Angeredeten die Grenze und die Abhängigkeit aller seiner Oberherrlichkeit erkennen. Aber wer hier angeredet ist, ist der Dichter, jeder Dichter, der dichterische Mensch, jeder Mensch. Er hat ein Gesicht, und was er sieht, bleibt von allen anderen ungesehen. Das nötigt den Verzicht auf, wie ihn George vielfach, z. B. im Motiv des Spiegels im *Siebenten Ring:*

Wir sind es nicht

und im Motiv des »Wortes«

Kein ding sei wo das wort gebricht

bekannt hat. Was sich der Dichter hier wie einen Spruch der Erde vorsagt, ist eben dies, daß keiner dessen Herr ist, sich auszusagen. Ein Späterer mag es wissen. Er wird erkennen, was einmal als große Möglichkeit des Lebens unerkannt gegenwärtig war. Gewiß hat das seine sakralen Töne, wie das unerkannte Dabeisein des auferstandenen Gottessohnes unter den erwartenden und nicht sehenden Jüngern. Aber der Dichter stilisiert sich damit keineswegs in die Rolle eines unerkannten Heilands, der das von sich weiß. Er weiß sich nicht. Denn er weiß, und dieses Wissen verleiht dem Lehrer Stefan George seine letzte Glaubwürdigkeit, daß nur das ins Wort Gebannte, nur das Gesehene und für alle Sichtbare, wirklich da ist und daß bloßes Gemeintes nicht gilt. Was so da ist, ist in Stefan Georges dichterischem Werk da.

Hölderlin und George

Das Thema ›Hölderlin und George‹ ist nicht ein beliebiger Vergleich, durch den sich die Eigenart des einen und des anderen Dichters gegeneinander abheben soll, sondern ein echtes geschichtliches Thema. Auf eine erstaunliche Weise haben Hölderlin und George in unserem Jahrhundert eine echte Gleichzeitigkeit gewonnen. Gewiß war Hölderlins dichterisches Werk schon ein Jahrhundert früher von der Generation der romantischen Dichter erkannt und geschätzt worden. Aber gerade die romantische Rezeption seiner Dichtungen ordnete ihn in einen Zusammenhang ein, der auch die Auffassung seines Werks durch die Maßstäbe der romantischen Dichtergesinnung festlegte. Als nun am Anfang unseres Jahrhunderts das Interesse an Hölderlins dichterischem Werk sich zu beleben begann – wie immer war auch in diesem Falle eine Konstellation der literarischen Gegenwart dafür maßgebend, nämlich das Bedürfnis, dem herrschenden Naturalismus eine neue Stilgesinnung entgegenzusetzen –, wurde es ein wahrhaftes Ereignis, als das Spätwerk des Dichters durch eine neue kritische Ausgabe erstmals zugänglich wurde. Es kam einer Wiederentdekkung eines verschollenen Werkes, nein, der Entdekkung eines unbekannten Dichters gleich, als Norbert von Hellingrath, der an der Münchner Universität eine Dissertation über Hölderlins Pindar-Übersetzungen vorbereitete, die in München, Stuttgart und

Homburg liegenden Handschriftenbestände untersuchte und das große Hymnenwerk aus Hölderlins Spätzeit, von dem bisher nur einiges bekannt war, aus den Handschriften in vollem Umfange herstellte.

Der besondere Zugang, den der klassische Philologe Norbert von Hellingrath zu dem Dichter fand, war dabei von Bedeutung. Es war der Weg über Pindar. Denn die dichterische Form der pindarischen Siegeslieder, die damals durch die Arbeit der klassischen Philologie in neues Licht getreten war, öffnete auch für die dichterische Arbeitsweise des späten Hölderlin die Augen. Pindar hatte seit langem als ein bedeutendes Exempel dichterischer Freiheit gegolten, insbesondere nachdem Goethe unter Herders Einfluß Pindar zu seinem Vorbild wählte und die Form der freien Rhythmen durch eigene großartige poetische Schöpfungen ausfüllte. Es entsprach der ästhetischen Theorie des Genies, die damals Shakespeare gegen die Regelästhetik des französischen Klassizismus auf den Schild erhob, daß man in Pindar den ekstatischen Dichter einer ungemessenen Hymnik sah[1]. Was dagegen Norbert von Hellingrath als Erbe einer langen philologischen Forschungsarbeit, die insbesondere die pindarische Metrik aufgeklärt hatte, an ihm bewunderte, war gerade sein großer Kunstverstand und die strenge Gemessenheit seiner dichterischen Kompositionen[2]. Das eröffnete ihm einen völlig neuen Zugang zu dem Spätwerk Hölderlins, das sich nun selbst in seinem fragmentarischen Zustand als Zeugnis eines ähnlich strengen Kunstverstandes erwies. Was man früher in diesen späten Schöpfungen Hölderlins als Zeichen des

Zerfalls, der geistigen Zersetzung und der zerrinnenden Verständlichkeit angesehen hatte, enthüllte sich mit einem Male als ein strenger kompositorischer Aufbau, der in seinen vollendeten Stücken von einer verbindlichen Strenge des Strophenbaus und der Responsionen war, die nichts mit dem Strom freier Rhythmen zu tun hat, den Klopstock, Herder und Goethe gepflegt hatten. Hellingrath hatte aus dem Formgefühl seiner eigenen Zeit den Blick für das, was er mit Dionys von Halikarnaß die »harte Fügung« nannte und was ihm ebensosehr in Pindars Dichtung wie in der Hölderlins entgegentrat.

Aber es begegnete ihm auch in einem zeitgenössischen Dichter, in Stefan George, dessen letzte Werke, insbesondere die Gedichte des *Siebenten Rings*, dem gleichen Stilideal entsprachen. So näherte sich der Philologe und Hölderlin-Herausgeber innerlich mehr und mehr dem dichterischen Werk Stefan Georges und wurde auch von der persönlichen Macht, die von Stefan George ausging, tief ergriffen. In seinem Briefwechsel mit seinem Lehrer Friedrich von der Leyen spricht sich das deutlich aus. Hatte er noch im Jahre 1907 in einem Seminarreferat in George vor allem den Techniker bewundert, der deshalb der ideale Übersetzer sei, weil er ein großer Künstler der Worte und doch kein Dichter sei, hatte er mit einer Art kalter Bewunderung an George die große Gebärde, die Maske und den Kothurn hervorgehoben und ihn selbst kalt und unbewegt genannt, so schrieb er schon wenige Jahre später, am 7. 5. 1910, an Friedrich von der Leyen[3] »und so verbinde ich gegenwärtig aller-

41

dings meine nächsten Hoffnungen von der Zukunft der Welt mit dem Namen Stefan Georges«. Er berichtet selbst, wie er von dem späteren Werk Georges her seine Abneigung gegen die frühen Werke überwinden und die wunderbare Entwicklung Georges »von der Vornehmheit und Dekadenz und dem Artistentum der Mallarmés und seiner Sicherheit nicht ohne Pose zu der heutigen fast unbehülflichen Größe Pindarisch herber Schlichtheit« zu bejahen gelernt habe[4]. Ohne Zweifel ist dieses Bekenntnis zu Stefan George, das nicht eigentlich die Zugehörigkeit zu dem ›Kreis‹ bedeutet, auch für seine Hölderlin-Auffassung und Hölderlin-Begeisterung bestimmend, nicht im Sinne eines Einflusses Georges auf seine Hölderlin-Entdeckung, wohl aber im Sinne der Bestätigung dessen, was er in Hölderlin sah, durch den zeitgenössischen Dichter und im Sinne der Ermutigung, Hölderlins dichterisches Sehertum in seiner religiösen Bedeutung anzuerkennen.

Hier stellt sich die entscheidende Frage. Die Briefzeugnisse Hellingraths lehren mit voller Deutlichkeit, daß er auch den Maximin-Kult bejahte, der im Kreis um Stefan George dem verstorbenen jungen Freunde gewidmet wurde. Er schreibt: »Die fundamentale Tatsache entscheidet, daß es sich nicht um eine literarische etc., sondern religiöse Bewegung handelt.« Und er sieht eine protestantische Enge darin, wenn man sich weigert, die Sache »über literarisches Gebiet hinauszutragen«.

So folgt Hellingrath scheinbar ganz der religiösen Deutung, die Stefan George in seinem Prosahymnus

42

auf Friedrich Hölderlin programmatisch festgelegt hatte. Es ist ein kurzer Aufsatz, der unmittelbar nach dem Ersten Weltkriege durch die Veröffentlichung in der 11./12. Folge der *Blätter für die Kunst* weiteren Kreisen bekannt wurde. George sieht dort in Hölderlin den großen Seher für sein Volk, der, einem Wunder gleich, plötzlich vor uns steht, und preist ihn als den Rufer des neuen Gottes. Was George in diesem Hymnus hervorhob, war vor allem die Unvergleichbarkeit Hölderlins, und insbesondere, daß er nicht mit der romantischen Bewegung der deutschen Dichtung verwechselt werden dürfe. Vielmehr sah er in Hölderlin eine Art Vorwegnahme von Nietzsches Entdeckung des dionysischen Untergrundes der apollinischen Kultur der Griechen und ebenso des Stromes geheimreligiöser orphischer Überlieferung im Hintergrunde der homerischen Religion. »Er allein war der Entdekker«, heißt es da, und das will sagen: Nicht der in Wahnsinn und Verzweiflung rasende Nietzsche, sondern der große Dichter, der die Wiederkehr der Götter in seinen vaterländischen Gesängen beschwor, hat den religiösen Dunkelgrund hinter der apollinischen Helligkeit gesehen und damit das klassizistische Griechenbild überwunden. So strittig die Frage des religiösen Anspruchs bei Hölderlin, wie übrigens auch bei Stefan George selbst, sein und bleiben mag – was George damals programmatisch verkündete, ist heute in einem Punkte völlig durchgedrungen: Hölderlin ist neben die ganz großen Dichter der deutschen Sprache getreten. Niemand würde ihn mehr der romantischen Schule zurechnen. Was George seinem Aufsatz voraus-

43

schickt, sind ein paar ausgewählte Stücke aus Hölderlinschen Gedichten, immer nur wenige Verse aus den
verschiedensten Hymnen. Auch diese Auswahl bekun-
det den Gesichtspunkt, unter dem George Hölderlin
feiert: es ist die eschatologische Stimmung, die
Parusie-Erwartung und das Leiden an dem Noch-
nicht-erschienen-Sein der Götter, was aus allen diesen
Versen spricht. Es ist deutlich genug, daß George
Hölderlins Dichtung damit als eine Art Vorläufer-
schaft zu der Verkündigung des neuen Gottes in
Anspruch nimmt, den er selber in dem »geist der heiligen jugend« seines Volkes verehrt.

Der entscheidende Band von Hellingraths Ausgabe,
der das Spätwerk brachte, erschien kurz vor dem
Ersten Weltkrieg. Die Vorrede aus dem Jahre 1914
zeigt die Perspektive, unter der Hellingrath Hölderlins Werk sieht. Sie ist merkwürdig vorsichtig, wenn
man sie mit den Briefbekenntnissen aus dem Jahre
1910 vergleicht, und es wird berichtet, daß George
sie wegen ihrer Halbheit verwarf[5]. Zwar gibt er im
gleichen Tone wie George in seinem Hymnus in seiner
Vorrede eine religiöse Deutung: »Die großen Hymnen
darin empfand der Dichter selbst als Wort Gottes.«
Aber die vaterländische Wendung, die Hölderlins
Spätwerk bringt, grenzt er nicht nur gegen die Vater-
länderei der romantischen Abkehr vom antiken Vorbild ab, sondern ebensosehr von den »neuheidnischen
Bestrebungen, welche wesentlich eine bloße Verleug-
nung unsrer christlichen Vergangenheit sind«. Der Anspruch auf religiöse Verkündigung wird also hier
begrenzt. Hellingrath schreibt: »Und auch hier ist das

44

Verkünden selbst Unterpfand des Verkündeten. Die dröhnenden und innigen Worte von Leben und Einkehr der Himmlischen bringen den Beweis für das fast Unglaubhafte: daß noch in unserer Zeit kindlich wahrer Glaube die Götter herabrufen kann . . .«

Hier gilt es, genau zu prüfen, was Hellingrath damit eigentlich sagt – und vielleicht auch, was Stefan George mit seinem Maximin-Kult eigentlich tat. Was bedeutet hier das Religiöse? Es scheint, daß Hellingrath sehr wohl wußte, was den Dichter von dem eigentlichen Kultstifter unaufhebbar trennt. Aber er weiß es, indem er nichts davon wissen will und ganz auf die innere Affinität des Künstlers zu der religiösen Bewegung den Ton legt. Er schreibt: »Da aber wohl das Kultische oder die Tendenz dazu integrierender Bestandteil der Religion ist, glaube ich doch, daß der Künstler, der ausgestaltet und Form wird, *minder mittelbar* Träger der religiösen Bewegung in ihrer ganzen Erfüllung sein dürfte: Klopstock, Hölderlin, Marées, George.« Eine höchst lehrreiche Reihe. Zunächst ist klar, was der Maler in dieser Reihe bedeutet. Es ist der Maler, den Hellingrath durch die schönen Beispiele seiner Kunst in der damaligen Münchener Staatsgalerie kannte: Hans von Marées, der Freund aus dem Kreise Konrad Fiedlers und Adolf von Hildebrands, dessen Werk eine kühnere und glühendere Klassizität atmete und der eine heroische Welt klassisch-hellenischer oder auch christlicher Gestalten und Szenen in monumentalen Kompositionen, zum Teil in der Form von Triptychen, auf der Leinwand beschwor. Man wird sich fragen, ob

45

man den Maler der »Neapler Ruderer« oder der »Abendlichen Waldszene« wirklich als Träger einer religiösen Bewegung sehen darf. Aber ein Gleiches gilt, wie mir scheint, von den übrigen Namen der Reihe: Klopstock, Hölderlin und sogar George. Ist es wirklich, wie der Zusammenhang bei Hellingrath suggeriert, der Weg oder die Weisung auf das Kultische, was sich in der dichterischen Formgebung anbahnt? Stimmt das für Klopstock? Stimmt es für Hölderlin? Stimmt es für George?

Was diesen Dichtern gemeinsam ist, scheint mir das pindarische Erbe, das Hymnische. Nun ist die literarische Gattung des Hymnus ein Gebilde eigener Art. Der Hymnus dient ausschließlich dem Preis von Göttern und Heroen (wobei Heros im griechischen Sinne, als ein vergöttlichter Mensch, verstanden werden muß). Ein Hymnus ist nicht ein Lobgedicht. Die Griechen haben sehr genau zwischen Lob und Preisung (Makarismos) unterschieden und ebenso zwischen dem Lobgedicht und dem Hymnus. Und mit Recht. Loben setzt Gleichheit mit dem Gelobten in einem letzten Sinn voraus. Nicht jedem ist es gestattet, jeden zu loben. Denn wer lobt, kann nicht vermeiden, sich gleichzusetzen. Dagegen setzt die Preisung und ebenso der Hymnus, der ihre Kunstform ist, die Anerkennung von etwas schlechthin Höherem voraus, das einen selbst übersteigt und dessen Gegenwart einen erfüllt. Hier zeichnet sich eine Skala von Haltungen ab, die von der Anerkennung und Bewunderung über die Verehrung (ein bei uns ganz abgegriffenes Wort) bis zur Anbetung von etwas Göttlichem führen kann.

Das ist griechische Religion. Ihr folgt die Kunstform des Hymnus. Wenn wir nun sehen, wie diese dichterische Form im Spätwerk Hölderlins eine unvergleichliche Erfüllung findet, so ist deutlich, was damit impliziert ist, nämlich daß hier nicht nur eine literarische Form, die dem griechischen religiösen Leben unmittelbar angemessen bleibt, auf eine großartige Weise von einem modernen Dichter verwendet und verwandelt wird, sondern daß es auch hier die Erfahrung von etwas Höherem war, was diese literarische Form möglich und nötig machte.

Was war dieses Höhere? Stellen wir diese Frage in bezug auf Hölderlin, um daraus die entsprechende Frage für George zu beantworten. Für Hölderlin war das, woran ihm das Höhere begegnete, der Abschied von Diotima, Trennung, die ein lebendiges Glück zerstörte. Es war die Erfahrung des Göttlichen, die es gerade in seinem eigenen Entzuge bietet, was den neuen Ton in Hölderlins Dichtung brachte, vor dem unser Jahrhundert wie vor etwas völlig Neuem stand. Es ist wichtig, daß es die Erfahrung des Abschieds war, die den Dichter des Seins des Göttlichen gewiß macht. Von der ›Göttlichkeit‹ der Liebe aus, die ihm zur Erfahrung wurde, verwandelt sich Hölderlins dichterischer Ton von Grund aus.

Es ist nun der Ton der Nennung, und das heißt, der Anrufung dessen, was ist, und nicht mehr der rhetorisch-allegorische Ornatus dichterischer Rede, wie ihn Hölderlin in der Nachfolge Schillers gebraucht hatte. Hölderlin hat zahlreiche Gedichte nach der Trennung von Diotima geschrieben, in denen er ausspricht, wie dem Heimat- und Ortlosen der Gesang zum »Asyl« wurde, zur eigentlichen Zuflucht aus der Leere und Kälte einer lieblosen Welt[6]. Was er in seinem dichterischen Werk aufbaut, ist nun nicht eine neue religiöse Verkündigung, die sich aus einer göttlichen Offenbarung legitimierte, sondern die Deutung des Seienden und der Welt im Wissen um den E n t z u g der Götter. Dies Seiende sind die »Engel des Vaterlands«, denen das hymnische Spätwerk gilt. Auch diese Hymnen sind Preisungen von Höherem, Anruf von Zeugen und Deutung von Winken und Botschaften, die das Sein des Göttlichen verbürgen. »Des Göttlichen aber empfiengen wir doch viel.«[7] Der neue große Ton, den Hölderlin findet, läßt ihn dem pindarischen Ton, der jeweils sicher Bekanntes, im Kult Lebendiges nennt, nahekommen. Es ist harte Fügung in der Tat auch hier, aber darüber hinaus ein inniges und inständiges Stammeln, das seines eigenen Ungenügens in ergreifendem Verzicht inne ist.

Hellingrath hat recht, und darin ist an sich gar keine Zweideutigkeit, wenn er »das Verkünden selbst Unterpfand des Verkündeten« nennt. Sprache und was dem Dichter in seiner Sprache gelingt, bezeugt eine gemeinsame Wirklichkeit, die keiner anderen Legitimierung bedarf. Sieht man genauer zu, so sieht man allerdings, daß Hellingrath die Anerkennung des Dichterischen in seiner Vorrede wie in seinen Briefen und letzten Vorträgen nur als eine Art Mindestforderung behandelt, der sich auch ein Skeptiker Hölderlin gegenüber nicht entziehen könne. Er selbst aber folgt Georges Deutung, wenn er das Unterpfand des

48

Werkes als eine Verheißung für das »geheime Deutschland« interpretiert, wie sie ihm in der patriotisch erregten Stunde des großen Weltkrieges eine innere Erfüllung war.

Auch ist es unüberhörbar, daß ihn eine Art heilsgeschichtlicher Gewißheit erfüllt. In seinen letzten Vorträgen spielt er auf den größten Lebenden, und das ist offenkundig Stefan George, wie auf einen an, dessen Gegenwart und Zukunft Erfüllung und Heil bedeute und dem das Wort des Dichters Hölderlin eine aus dem Zeitabstand geschöpfte Legitimation biete. So muß man die Akzente setzen, wenn man den Satz liest: »Nur Verkünder, nicht – auch nicht in seinen geheimsten Gedanken – Bringer der Erfüllung, so steht Hölderlin unbekannt verborgen in seinem Volke.«[8] Das entspricht Georges Deutung der Hölderlinschen Sendung. Georges *Lobrede,* die wir schon würdigten, wird nämlich ergänzt durch das Dreigedicht des *Neuen Reichs,* das »Hyperion« überschrieben ist. Dort sind Hyperion, Hölderlin und George selbst zu einer einheitlichen dichterischen Spiegelung ineinandergeflossen.

Dabei soll gewiß nicht verkannt werden, daß der »Meister« sich selber stets als den Dichter und Seher und nicht als eine Art Heiland gesehen hat. Sosehr er sich selbst »darstellte«, seine eigentliche Prägung gewann seine Gestalt durch eine ähnliche Erfahrung von etwas Höherem, wie die, die Hölderlin an Diotima erfuhr: seine Begegnung mit Maximin. Die Zeugnisse lehren es deutlich, daß nicht so sehr die Verzauberung durch die Gegenwart des Jünglings als die Trennung

49

und die Trauer, die sein früher Tod brachte, dem Ganzen die religiöse Tönung verlieh. Insofern ist das Maximin-Erlebnis eine Entsprechung zu Hölderlins Diotima-Erlebnis. Die Analogien liegen auf der Hand: Wie den zwischen Gedanke und Gesang zerrissenen, von ungestilltem Ehrgeiz verzehrten Magister Hölderlin die Liebe zu der schönen Frau seines Frankfurter Brotherrn verwandelte und wie aus dem Schmerz der Trennung die atemberaubende Inständigkeit seines hymnischen Werks aufstieg, so hat auch Stefan George in der Begegnung mit Maximin eine neue Begründung seiner ganzen gefährdeten Existenz erfahren. Sein Werk, insbesondere die härtere Fügung des *Siebenten Rings* und des *Sterns des Bundes,* geben dem dichterischen Ausdruck.

Wie sehr das Ganze des Maximin-Kults aus dem Abschied von Maximin konzipiert ist, lehren die eigenen Verse Georges. Der frühe Tod des Jünglings, der George tief getroffen hat – man ahnt, wie die ungeheure Steigerung, zu der der Dichter den heranwachsenden Knaben emporriß, dem Dichter selber wie eine Schuld erschienen sein mochte –, inspirierte ihn dazu, sein eigenes Leben im Gedenken des jungen Freundes neu zu sammeln und auch dem Leben seiner Freunde eine neue Prägung zu verleihen, indem er sie zu einer Art von Gemeinschaft des Gedächtnisses zusammenschloß. Das sprechen etwa die Verse aus dem *Stern des Bundes* aus:

Der sich und allen sich zum opfer gibt
Und dann die tat mit seinem tod gebiert

50

Die tiefste wurzel ruht in ewiger nacht . . .
Die ihr mir folgt und fragend mich umringt
Mehr deutet nicht! ihr habt nur mich durch ihn!
Ich war verfallen als ich neu gedieh . . .

Denkt man an Hölderlins Diotima-Gedichte, so tritt
innerhalb der Analogie das Unterscheidende deutlich
hervor. Zunächst wird man bemerken dürfen, daß
sich Hölderlin durch das Diotima-Erlebnis in eine
ganz neue Dimension dichterischen Sagens steigerte,
die erst seinen hohen dichterischen Rang voll begrün-
det hat. In Georges Dichten ist das Maximin-Erlebnis
und seine dichterische Gestaltung dagegen mehr eine
Konsequenz, auf die sein Leben und sein Dichten hin-
wies, und der einzigartige Ton seines Dichtens, der
von früh an sein Werk von allem Zeitgenössischen
abhob, erhielt hier nur einen neuen Akzent. Man
gewahrt ferner, wie sich Hölderlins neue Gewißheit
von der Gegenwart des Göttlichen in einer Überfülle
neuer Gesichte gleichsam verlor. Er geht ganz in der
Deutung der ihn umgebenden Natur und der in der
Natur gegenwärtigen Geschichte auf, die ihm das
Göttliche sind, und wird so selbst fast unhörbar in
»seligem Verstummen«. Dagegen macht sich George
selber zum Gegenstand der neuen dichterischen Selbst-
aussage und den Kreis seiner Freunde, die um ihn
sind. Der Gedächtniskult für Maximin, den George
für sich und seine Freunde stiftet, ist das dichterische
Vermächtnis der eigenen Erfahrung. Es ist seine Person, die er in ihrer eigenen Erscheinung und Gestalt
als Lebensmittelpunkt seines Freundesbundes darstellt.

Seine Dichtung erhebt sich bis zur Form religiöser Selbstinterpretation und steigert sich bis zu der Wendung:

Ich bin ein dröhnen nur der heiligen stimme.

Das bestimmt zutiefst die Weise des Sprechens, in der sich der Ton Georges von der hymnischen Poesie Hölderlins unterscheidet, indem er sich immer stärker in der Richtung auf das Liturgische und Chorische hin bewegt. Man kann den Unterschied in der Antithese zweier Wörter formulieren. Bekanntlich hat George, der Fremdworte vermied und obendrein die fremde Sache verwarf, die man Rezitation nennt, für das Sprechen von Gedichten den Ausdruck »Hersagen« gebraucht. Ohne Zweifel hat die gewaltige Kraft der Menschenbildung, die von George ausging, gerade in der Übung des Hersagens von Gedichten eine wesentliche Vollzugsform besessen. Hölderlin bildet dazu eine volle Antithese.

Man kann Hölderlin nicht hersagen. Hölderlin kann man nur hinsagen. Er sagt sich selbst vor sich hin – es ist ein meditativer Zug in Hölderlins dichterischer Spätsprache. So kann man zweifeln, ob man Hölderlins Hymnen überhaupt vor einem größeren Kreise laut vorlesen kann. Wer es tut, verkennt vielleicht am Ende doch den protestantisch-meditativen Zug in dieser lyrischen Form. Dagegen scheint mir Georges Ton ganz vom Gregorianischen Choral geprägt. Es ist das Melos des Chorals, das der Georgeschen Sprachgebärde den Charakter eines liturgischen Tuns gibt. Das sind gewaltige Unterschiede, die der

52

Aneignung Hölderlins durch George eine eigene Spannung verleihen mußten.

Dabei bedeutet der große Einbruch, den der Tod Maximins und seine dichterische Verarbeitung für George darstellt, weniger eine Veränderung in seinem dichterischen Ton als in der gesamten Gestaltung seiner dichterischen Existenz. Das eigene Leben, das er neu aufbaute, und das seines Kreises, nahm neue Züge an. Es war die Wendung zum inneren Staat, die sich damals anbahnte. Man kann das auch die immer stärkere Verlagerung des eigenen Lebensgewichts des Dichters auf die Erziehung seiner jungen Freunde nennen, die sein dichterisches Schaffen mehr und mehr zurücktreten ließ. Der geistige Ausdruck dieser Verlagerung, den Friedrich Wolters gefunden hat, faßt sich in der Formel »Herrschaft und Dienst« zusammen. Die Ehre des Dienens und die Weihe des Herrschens beschwor Friedrich Wolters aus den Überlieferungen des christlichen Mittelalters, und so erhielt der ›Kreis‹ mehr und mehr institutionellen Charakter, nicht in der leeren Äußerlichkeit von Zeremonien oder zur Schau getragenen Besonderheiten, etwa der Kleidung, sondern in dem Bewußtsein der Berufung, das die Glieder des Kreises erfüllte und das ihnen ein Heilsbewußtsein verlieh, das einer kirchlichen Ordnung von Gnadenmitteln gleichkam. Man muß dies mit sehen, wenn man den neuen dichterischen Ton in Georges Sprechen richtig erfassen will. Es ist ein Sprechen, das die Auffüllung durch den Angesprochenen verlangt. Das ist jedoch nicht in dem Sinne gemeint, in dem eine echte religiöse Urkunde Auffüllung durch die gläubige Gemeinde fordert und findet. So hat etwa die Sprachgestalt des Neuen Testaments, das seiner Gemeinde gewiß war, nicht den Rang hoher Sprachgestaltung, wie ihn sonst große dichterische Prosa besitzt. Georges Spätwerk dagegen ist ohne Zweifel von erlesener sprachlicher Gestaltung. Gleichwohl ist auch in Georges *Stern des Bundes* nicht nur ein Auffüllungsbedürfnis vorhanden, sondern eine Auffüllungsmacht wirksam, die sich zwar von der dichterischen Sprachgestaltung her aufbaut, sich aber nicht in ihr erfüllt.

Man würde George nicht gerecht, wenn man die Veränderung seines Tones in diesem Sinne auf seine religiöse Selbstinterpretation gründen wollte, in der er sich als Stifter eines neuen Kults darstellt. Zwar ist nicht zu leugnen, daß vor allem der *Stern des Bundes* durch seine Hochstilisierung kühler und krampfhafter wirkt als die früheren Gedichtbände und daß viele Liebhaber seines Werks das *Jahr der Seele* oder den *Teppich des Lebens* für den Höhepunkt seines dichterischen Werkes halten. Aber auch in den späteren, den kultischen Ton suchenden Gedichtbänden ist ein enormer Kunstverstand am Werke. Wenn die Verkündergeste und das Zeremoniöse des hohen Kothurns manchen abstößt, so ist das nicht, weil es sich hier um eine religiöse Esoterik handelt, die keine dichterische Gültigkeit erreicht. Es ist in diesen Gedichtbänden nichts von dem, was wir aus Sektenstiftern, die durch ihre rednerische Faszination eine Gemeinde um sich sammeln, kennen, nämlich daß die literarische Fassung ihrer Schriften – ich denke etwa an Rudolf Steiner –

54

einen den Kopf schütteln läßt, daß es möglich sein soll, durch solche literarischen Texte eine Gemeinde zusammenzuhalten. Georges dichterisches Spätwerk gründet sich nicht wie solche Texte auf ein vorgegebenes Gemeinde-Ritual. Vielmehr sind es dichterische Mittel, die ihm ›kultische‹ Wirkung verleihen und die eine ähnliche Bereitschaft zur Auffüllung erzeugen, wie sie eine religiöse Gemeinde nicht aus dem Wort gewinnt, sondern dem Wort von sich aus zubringt.

Wir können hier nicht verfolgen, was die verschiedenartigen Mittel sind, die in Georges dichterischer Sprache solche gemeindebildende Wirkung tun[9]. Wir begnügen uns mit einer Gegenüberstellung der Sprachhaltungen, in denen Hölderlin und George die Gattung des Hymnus erfüllen, d. h. das Höhere besingen.

Da gilt es vor allem zu sehen, wie verschieden die Voraussetzungen sind, die Hölderlin wie George als Künstler der Sprache vorfinden. Hölderlin begann sein dichterisches Werk, als die deutsche Dichtersprache gewissermaßen ganz frisch und blankgeputzt war, vor allem dank der einzigartigen Geschmeidigkeit und Natürlichkeit, mit der Goethe die deutsche Sprache zu handhaben wußte. So konnte Hölderlin diesem schmiegsamen und wie in natürlichen Tropfen fallenden Stoff deutscher Sprache die kunstvollsten Kaskaden zumuten, ohne daß der innige und liedhafte Ton derselben verlorenging. Er vermochte die großen Freiheiten, die die deutsche Sprache läßt, für eine Kompositionskunst fruchtbar zu machen, die alle Nachahmung der Antike hinter sich ließ, sosehr sie

55

auch nach ihrem metrischen und literarischen Vorbild gestaltet wurde. Dagegen herrschte in Georges Zeit eine der eigentlichen Sprachkunst ferne Kunstgesinnung. Denn der damals herrschende Naturalismus war ganz auf die Möglichkeit gerichtet, Worte als Ausdruck des Charakters und der seelischen Regung des Sprechers einzusetzen. Und ihn erfüllte überdies und konsequenterweise eine solche Versfeindlichkeit, daß er den Vers nur noch als beiläufige, möglichst unmerkliche Stütze des intensiven sprachlichen Ausdrucks gelten ließ. So mußte Georges Formwille und Stilwille zu einer willenshaften Sprachhaltung führen, der man ihr Gewolltsein durchaus anmerken sollte und die nicht mit dem Goetheschen oder romantischen Liedideal sanghafter Natürlichkeit zu messen ist.

Es wäre ein Irrtum, in der Erlesenheit des Georgeschen Vokabulars, in der Gesuchtheit seiner Bildersprache eine nachträgliche Poetisierung und poetische Verfremdung zu sehen. Die Gewaltsamkeit seiner Sprachgebärde ist vielmehr dichterisch gefordert und drückt die herausfordernde Abseitsstellung aus, die der Dichter gegenüber dem herrschenden poetischen Realismus und seiner Lebensgesinnung einhält. Bei ihm gewinnt der Klangleib, ein charakteristischer Ausdruck der Zeit, in der Nachfolge der französischen Symbolisten eine neue Präsenz. Es werden von ihm die mannigfaltigsten sprachlichen Mittel eingesetzt, das Gleichgewicht von Sinn und Klang, das alle Lyrik zu halten hat, recht weit in die Richtung der Klangkomposition hin zu verschieben. So ist keine Gestalt der Weltliteratur, nicht einmal die von George so sehr bewunderte und nachgeformte Kunst Dantes, seinem eigenen Ton so nahe wie die Augusteische Dichtung. Vor allem Horaz steht hinter der ›harten Fügung‹ seiner späten Gedichtbücher. Die Mittel der Horazischen Verskunst, insbesondere auch sein Gebrauch der Binnenvokalisation und der Inversion gewohnter Wortstellungen, sind für George ein Vorbild, das Spannungsgefüge des Verses zu steigern und den Leierklang des Endreims zu entmachten. Indem die Vokale nach dem Vorbild der *poésie pure* eine Art Eigenleben entfalten und sich mit kunstvoll komponierten Assonanzen durchmischen, wird eine neuartige rhythmische und musikalische Gesetzlichkeit freigesetzt. Die harte Fügung, die Hellingrath im Anschluß an Dionys von Halikarnaß zur Charakteristik des Pindarischen und des Hölderlinschen Stiles gebraucht, gilt für George zwar nicht ganz in dem gleichen Sinne, aber sie beherrscht in Wahrheit doch die Kunst seiner Komposition. Das Prinzip der Inversion, das die Horazische Wortstellung beherrscht, findet sich in der Georgeschen Klangstellung wieder und erzeugt dort eine ähnliche Spannungseinheit, die ebenfalls durchaus nicht unmerklich sein will, sondern wie bei Horaz mit steigender Bewußtheit in den Vordergrund drängt. Die reife Kunst Georges vermeidet dabei die unmittelbare Alliteration und sucht statt derer eine sorgfältig ausbalancierte Form, Anklänge der Konsonantik und der Vokalik ineinander zu verschränken.

Für die Musikalität des Georgeschen Versbaus ist aber auch die Satzform von besonderer Bedeutung. Er vermeidet den Nebensatz zweiter Ordnung und bevorzugt überhaupt den kurzen Hauptsatz und das einfache Satzglied. Dadurch fällt Verseinheit und Sinneinheit so oft zusammen, daß das seltene Auseinanderklaffen eine besondere Ausdrucksintensität erzeugt. Darauf beruht das, was ich die Georgesche Bogenführung nennen möchte. Denn der Sinnhiat ist es, der das Gleichmaß der metrischen Abläufe skandiert und Versfolgen zu größeren Einheiten zusammenschließt. So entstehen gleichgebaute, analoge oder analog klingende Verse, die sich übereinanderstufen und dadurch einen Wiederholungseffekt erzeugen, der sich mit einem Steigerungseffekt verbindet. Das ergibt den unvergleichlichen, oft rauschhaft klingenden Aufschwung, zu dem sich Georges Verse erheben.

Bei aller Gemeinsamkeit, die der Hintergrund Pindarischer Verskunst für George und Hölderlin bedeutet, läßt sich gerade hier zeigen, daß die Entdeckung Hölderlins durch den Dichter George und die von ihm inspirierten Zeitgenossen eine Einseitigkeit war. Wenn Hellingrath die Stimme Hölderlins »die dröhnende und innige Stimme« nennt, so ist das für Hölderlin kaum eine zutreffende Charakteristik. Die Innigkeit zugestanden, aber dröhnend? Was ist Dröhnen? Doch wohl eine Lautgestaltung, die alle Artikulationen zugunsten der Identifikation vitalen Einklangs herabmindert. Wir wissen alle etwas von der Vitalwirkung des großen Dröhnens, das Blasinstrumenten eigen sein kann, die ja auch in religiösen Kulten eine entsprechende Rolle spielen, und wir kennen es insbesondere auch als Bezeichnung für die Stimme und das Mitreißende, das ein dröhnender Stimmklang hat. Davon

58

ist wenig in der großen Bogenführung Hölderlinscher Dichtung. Sie behält immer etwas von Meditation, von steigender Versenkung und Beengung der Stimme bis ans Verstummen heran.

Jetzt aber endiget, seeligweinend,
Wie eine Sage der Liebe,
Mir der Gesang, und so auch ist er
Mir, mit Erröthen, Erblassen,
Von Anfang her gegangen. Doch Alles geht so.

Für Georges Verskunst dagegen ist die Charakteristik des Dröhnens, wenn man es nur nicht falsch versteht, durchaus zutreffend. Sein Vers ist natürlich wie jeder dichterische Vers auf das Spiel von Sinn und Klang gebaut. Aber innerhalb der Spielweite, die das Gleichgewicht dieser dichterischen Sprachmächte gestattet, steht sein Vers unter dem Vorrang der Klangesmacht. Daher haben seine Verse etwas Einhämmerndes, etwas von der Wiederholung des Gleichen, die mit dem Worte Dröhnen mitgegeben ist. In Dröhnen liegt aber auch und vor allem die Unmittelbarkeit des Mitreißens, die nicht aus dem geistigen Gehalt der sprachlichen Fügung entsteht, sondern mehr wie eine Übertragung von Wille zu Wille, und mehr ein Durchtöntwerden als ein Sprechen ist. So kann George selbst von sich sagen

Ich bin ein dröhnen nur der heiligen stimme.

Hier mußte der eigene Charakter Georgescher Dichtung auch die Rezeption der Hölderlinschen Dichtung beeinflussen und ihn in eine Sprechlage einstilisieren, die ihm, wie wir heute sehen, nicht ganz angemessen ist.

Gleichwohl müssen wir die religiöse Selbstauffassung, wie sie sich etwa in Hellingraths oben zitierten Äußerungen, aber insgesamt in dem Vokabular des George-Kreises findet, selber für fragwürdig halten und eine tiefere Gemeinsamkeit zwischen dem innigen Gestammel Hölderlinscher Hymnenkunst und der zuchtvollen Strenge Georgescher Verskompositionen anerkennen. Sie liegt, wenn ich richtig sehe, in der Auffassung, die der Dichter von sich selbst hat. Trotz allem Unterschiede zwischen der pompösen Selbstdarstellung, die sich George in seinen Gedichten gibt, und dem bescheidenen Verzicht, den der »Dichter in dürftiger Zeit« aufzubringen bereit ist, bildet doch die Auffassung vom Dichtertum und vom Menschsein den gemeinsamen Hintergrund beider. Sie ordnen sich damit in einen Motivzusammenhang des neuzeitlichen Denkens ein, der mit der Renaissance-Poetik anhebt. Es war die Erneuerung der Prometheus-Figur und ihre Anwendung auf den Künstler als den zweiten Schöpfer, den alter deus, die sich damals, bei Bovillus zuerst, ausspricht[10] und dann bekanntlich über Shaftesbury bis zu Goethes großartiger Verwandlung des Prometheus-Symbols geführt hat[11]. Das Wesentliche an diesem Symbol liegt darin, daß der Dichter, sosehr er auch der Ausgesetzte und der Außerordentliche ist, in seinem schöpferischen Tun dennoch zugleich den Menschen vertritt.

Das dichterische Ich ist weit weniger, als man meist

60

wahrnimmt, das Ich des Dichters, und fast immer jenes allgemeine Ich, das ein jeder ist. Es scheint, daß selbst die Interpreten Georges, von denen Hölderlins oder Rilkes ganz zu schweigen, die Ambivalenz im Ich-sagen des Dichters nicht genügend beachten. Sie sollten besser auf George selbst hören. Nirgends »sosehr wie in diesem buch (sind) ich und du die selbe seele«[12]. Das ist gewiß eine besondere Auszeichnung des *Jahrs der Seele,* daß nirgends so sehr, wie in diesem Buch, Ich und Du dieselbe Seele sind. Aber man sollte daraus auch entnehmen, daß das für den Dichter heißt, daß in allen seinen Büchern Ich und Du dieselbe Seele sind. Das sollte gerade auch für die Gedichte beachtet wer-den, in denen der Dichter vom Dichter spricht.

Ein Gedicht Hölderlins, das für George von beson-derer Bedeutung gewesen zu sein scheint, möge als Hintergrund dafür dienen. Es ist das fragmentarische Gedicht »Der Mutter Erde«[13], dessen eigenhändige Abschrift durch George sich in den hinterlassenen Pa-pieren des Dichters in Minusio fand. Auch ist eines der Bruchstücke, die George seinem Prosaaufsatz vor-angestellt hat, diesem Gedicht entnommen. Hölderlins Gedicht redet von dem Los des Dichters in dürftiger Zeit wie fast alle seine Dichtungen der späten Jahre. Ich möchte zeigen, wie hier das Schicksal des Dichters in seiner stellvertretenden Bedeutung für das allge-meine Menschenlos ausgesprochen ist.

Es ist der bekannte Dreigesang der Brüder Ottmar, Hom und Tello. Der Gesang Ottmars stellt in drei Strophen den einsam singenden Dichter dem Chor des Volkes gegenüber, der noch aussteht. Aber das ge-

61

schieht nicht, um das Trennende zu sagen. Das erste Wort heißt vielmehr

Statt offner Gemeine sing' ich Gesang,

und die dritte Strophe weist das eigentliche Gemeinsame auf, das Dichter und Volk trägt: es ist die Sprache,

Doch wie der Fels erst ward,
Und geschmiedet wurden in schattiger Werkstatt,
Die ehernen Vesten der Erde,
Noch ehe Bäche rauschten von den Bergen
Und Hain' und Städte blüheten an den Strömen,
So hat er donnernd schon
Geschaffen ein reines Gesetz,
Und reine Laute gegründet.

Daß hier von der Sprache die Rede ist, ließe sich durch manche Parallele bei Hölderlin bestätigen[14]. Der Dichter und das Volk habe in einem, sozusagen in einer Vorschöpfung vor der Schöpfung, durch den Donner des Höchsten die reinen Laute erhalten. Die Sprache ist die Antwort, die die Sterblichen finden. Sie ist aber auch das Unterpfand, das eigentliche und einzige, das in unserem Besitz ist, auch wenn die Götter fern sind und kein gemeinsamer Geist sich zum gemeinsamen Gesang erhebt.

Der Gesang Homs malt dieses Fehlen und die stellvertretende Funktion des Dichters aus. Es sind müßige Zeiten, in denen das Gedächtnis einer Heldenzeit bewahrt wird, und die großen Ordnungen der Tempel »stehn verlassen in Tagen der Noth«.

62

Wenn wir uns nun dem dritten Gesang, dem Gesang Tellos, der nur als Fragment erhalten ist, zuwenden, so wird, wie ich hoffe, deutlich, warum ich dieses Gedicht mit Georges dichterischem Selbstbewußtsein zusammen sehe. Konnte man bei den ersten beiden Strophen noch ganz auf den Unterschied blicken, der zwischen der bewußten Einsamkeit des Dichters bei Hölderlin und der Hinordnung des Dichters auf die ihn umgebende Gemeinde bei George besteht, so macht die dritte Strophe eine innerste Nähe zwischen George und Hölderlin fühlbar, wie sie in der gemeinsamen Erfahrung des Dichtertums gelegen ist.

Wer will auch danken, eh' er empfängt,
Und Antwort geben, eh' er gehört hat?
Ni[cht ist es gut,] indeß ein Höherer spricht,
Zu fallen in die tönende Rede.
Viel hat er zu sagen und anders Recht,
Und Einer ist, der endet in Stunden nicht,
Und die Zeiten des Schaffenden sind,
Wie Gebirg
Das hochaufwoogend von Meer zu Meer
Hinziehet über die Erde,

Es sagen der Wanderer viele davon,
Und das Wild irrt in den Klüften,
Und die Horde schweifet über die Höhen,
Im heiligen Schatten aber,
Am grünen Abhang wohnet
Der Hirt und schauet die Gipfel.

63

Das Fragment bricht ab. Daß der Prosa-Entwurf, der mit »O Mutter Erde« beginnt, auf die Fortsetzung verweisen soll, ist nicht glaubhaft. Das Dreiergespräch ist trotz des fragmentarischen Zustandes weitgehend durchkomponiert, und es ist nicht zu sehen, wie der Inhalt von »O Mutter Erde« hier hätte eingebaut werden sollen. Vom Inhalt her scheint es mir im höchsten Grade zweifelhaft, ob die beiden Stücke überhaupt etwas miteinander zu tun haben. (Daß sie nicht als zwei Phasen eines einheitlichen Schaffensentwurfs miteinander vereinbart werden können, bemerkt Beissner, meine ich, zu Recht.)[15] Ist das Thema überhaupt das gleiche? Im Prosa-Entwurf ist Mutter Erde angeredet, und sie soll der Gegenstand aller kommenden Preisgesänge sein. Hier ist sie nicht angeredet. Hier ist von ihr die Rede, als den Vesten der Erde. Sie sind das reine Gesetz der Sprache, aus dem der Dichter singt und aus dem auch der Gesang der Gemeinde allein kommen kann. Erde und Sprache sind hier ineinandergespiegelt, um zu sagen: die Zeiten des Schaffenden sind nicht in der Gewalt und Verfügung des Dichters, so wenig wie die Gebirge, auf deren Gipfel, auf das, was über ihm ist, der Hirt schaut.

Doch wie dem auch sein mag: George hat jedenfalls nicht den Prosa-Entwurf abgeschrieben, sondern unser dichterisches Fragment. Er hat sein eigenes Lebensbewußtsein als Dichter darin erkannt. Das möge das George-Gedicht aus der 11./12. Folge bestätigen:

Horch was die dumpfe erde spricht:
Du frei wie vogel oder fisch –
Worin du hängst · das weißt du nicht.

64

Vielleicht entdeckt ein spätrer mund:
Du saßest mit an unsrem tisch
Du zehrtest mit von unsrem pfund.

Dir kam ein schön und neu gesicht
Doch zeit ward alt · heut lebt kein mann
Ob er je kommt das weißt du nicht

Der dies gesicht noch sehen kann.

Der Hintergrund dieses Gedichtes ist das aus Georges
Werk wohlbekannte Motiv des Verzichts. So beugt sich
im *Siebenten Ring* der Dichter über den Spiegel des
Quells, wenn er nach einer großen Erfahrung, für die
er die dichterische Form gefunden zu haben glaubte,
Zustimmung sucht und ihm die Gestalten immer antworten »wir sind es nicht! wir sind es nicht!« Und nichts
anderes bekennt das Gedicht aus dem *Neuen Reich:*
»Kein ding sei wo das wort gebricht.« Man muß unser
Gedicht auf dem Hintergrunde dieser Motivkonstanz
lesen. Sein Schlüssel ist (und ich meine, damit ist seine
Deutung nicht mehr schwierig) die Ambivalenz zwischen Dichtersein und Menschsein. Denn was das Gedicht sagt, und so, daß es uns etwas sagt, ist am Ende
dies, daß der Dichter nicht über seine Eingebung und
Schöpfung Herr ist, sondern wie alle anderen auch
auf eine unaufhebbare und undurchschaubare Weise
abhängig bleibt. Den Ton möchte ich auf das »wie alle
anderen auch« legen. Das singt sich durch das »worin du
hängst ... das weißt du nicht« in unser Ohr ein, insbesondere weil es in der vorletzten Strophe wieder

65

aufgenommen wird und dem ganzen Gedicht seinen Takt verleiht. Es ist die dumpfe Erde, etwas, was man auf keine Weise aufhellen kann und woher ein jeder von uns stammt, was uns diese wesenhafte Unwissenheit um uns selber verkündet. Nicht nur der Dichter, jeder von uns kann sich die folgenden Worte gesagt sein lassen. Denn immer wird ein späterer Mund wissen, was wir nicht wissen. Gewiß sind es Parusie-Formen der christlichen Überlieferung, an die diese Verse anklingen. Nicht daß Christus gemeint wäre, der unerkannt unter den Seinen weilt und erst am Brechen des Brotes erkannt wird. Aber es ist von dem Dasein dessen die Rede, der das heilende Wort zu sagen hätte und der doch unerkannt bleibt. Nun ist es das eigentliche Thema dieses Gedichtes und ist in diesen Versen gegenwärtig, daß der Dichter sich unter die Nichtwissenden einrechnet. Auch er weiß nicht. Doch er weiß, daß er nicht wissen kann, ob ein Gesicht, das er hat, je sichtbar werden wird, je für alle da sein wird. Das heißt aber, daß er nicht weiß, ob ein Wort sein wird. Das tiefe Beben, das durch diese Verse geht, ist nicht auf die anderen beschränkt, denen das Ich des Dichters gegenüberstünde.

Kehren wir von hier zu der dritten Strophe von »Der Mutter Erde« zurück, so erkennen wir die Gemeinsamkeit des Themas. Man soll nicht fallen in die tönende Rede, man darf nichts übereilen, nicht mit frevelnder Hand nach dem Feuer greifen. Das ist bei Hölderlin ein zentrales Motiv[16]. So muß der Dichter auch hier aushalten, daß er Vorsänger einer noch nicht antwortenden Gemeinde ist. Die Zeiten des Schaffen-

66

den, die ihren eigenen, durch nichts umzulenkenden, durch nichts zu beeinflussenden Gang gehen wie der Zug des Gebirges von Meer zu Meer, sagen das gleiche »das weißt du nicht« wie Georges Gedicht. Es ist die innere Gemeinsamkeit, die die Stellung des Dichters zu Zeit und Welt ausmacht, was zwei sehr voneinander verschiedene Dichter verbindet, und es scheint mir ein Zeichen für die Größe Georges zu sein, daß seine eigene dichterische Stimme gleichwohl so ganz anders und eigen erklingt und in seinen Versen keine Spur von Nachahmung oder Übernahme des Hölderlinschen Tones aufweist.

[1] O. Regenbogen: *Kleine Schriften.* 1961, S. 520 ff.
[2] F. Beissner: *Hölderlins Übersetzungen aus dem Griechischen.* ²1961.
[3] N. v. Hellingrath: *Hölderlin-Vermächtnis.* ²1944, S. 226.
[4] Loc. cit., S. 229.
[5] Vgl. E. Salin: *Um Stefan George.* ²1954, S. 19, S. 27. H. Singer: *Rilke und Hölderlin.* 1957, S. 34.
[6] Hölderlin: S W, I, S. 307 (Große Stuttg. Ausgabe).
[7] Hölderlin: S W, II, S. 136.
[8] N. v. Hellingrath: *Hölderlin-Vermächtnis.* ²1944, S. 139.
[9] J. Aler: *Im Spiegel der Form. Stilkritische Wege zur Deutung von St. Georges Maximindichtung.* 1947.
[10] E. Cassirer: *Individuum und Kosmos in der Renaissance.* 1927, S. 299 ff.
[11] O. Walzel: *Das Prometheussymbol von Shaftesbury zu Goethe.* ³1932.
[12] George: *Vorrede zur zweiten Ausgabe vom ›Jahr der Seele‹.*
[13] Hölderlin: S W, II, S. 123.
[14] Hölderlin: S W, II, vgl. S. 92 (»Brot und Wein«).
[15] Kleine Stuttg. Ausgabe, Hölderlin S W, II, 1953, S. 426.
[16] Hölderlin: S W, II, S. 120, S. 141, S. 155.

Ich und du die selbe Seele

Ihr ahnt die linien unsrer hellen welten ·
die bunten halden mit den rebenkronen ·
Den zefir der durch grade pappeln flüstert
Und Tiburs wasser weich wie liebesflöten?

Da hebt sich euer blondes haupt: kennt IHR
Der nebel tanz im moore grenzenlos ·
Im dünenried der stürme orgelton ·
Und das geräusch der ungeheuren see?

Man kann sich fragen, ob das erklärende Wort dort
überhaupt am Platze ist, wo dichterische Rede unmittelbar und unaufgehalten durch Verborgenheiten von
Wort und Sinn den Leser und inneren Hörer erreicht.
Gewiß gehören diese aus Georges *Jahr der Seele* ent-
nommenen Verse bei aller epigrammatischen Gedrun-
genheit ihres Baues nicht zu den dichterischen Gebilden, die den verstehenden Vollzug immer hinter sich
zurücklassen, weil sie ihm in dunkler Dichte voraus
sind. Diese Verse stellen im einfachen Bau einer Frage
und einer Antwort zwei Landschaften bedeutungsvoll
einander gegenüber, und niemand bedarf irgendeiner
Hilfe, um in ihnen Seelenlandschaften und in der ge-
spannten Weite dieser Fernen sich selber zu erkennen.
Und doch – das auslegende Wort fühlt sich auch
hier angerufen. Da ist der Platz, an dem die Verse
stehen; in einer Abteilung des *Jahrs der Seele,* deren
Gedichte vom Dichter selber als flüchtig geschnittene

Schatten bezeichnet sind. Zwei Initialen lassen einen bestimmten Mann aus dem Freundeskreise des Dichters erraten, und man könnte versucht sein, diesen vom Dichter selbst gegebenen Winken nachzugehen und in der Begegnung zweier Dichter, eines nordländischen mit dem rheinisch-römischen Dichter des *Jahrs der Seele,* den Lebensgrund dieses Widmungsgedichtes zu erkennen.

Allein, da liest man die Vorrede zu der zweiten Auflage dieses Buches, in der der Dichter aller Aufklärung aus Lebensgeschichtlichem und Gelegenheitlichem die Warnung entgegenhält: und selten sind so sehr wie in diesem Buche ich und du die selbe Seele. Gewiß, im Ganzen dieses Gedichtbandes gehört dieses Gedicht zu der Gruppe, die durchweg Initialen zeigt und Anrede ist. Insofern mag die Warnung des Dichters dieser Gedichtgruppe gegenüber am wenigsten bedeuten. Aber sie bedeutet genug. Es sind eben selbst diese persönlich bezogenen Widmungen Gedichte, die nicht diesem oder jenem als Geste und Gabe zugesungen sind, sondern Werkteile, die ein wählerischer Goldschmied des Wortes gearbeitet und geziert und angeordnet hat. Sie gehören einer anderen Ordnung an als der des einmalig gelebten Lebens, nicht anders als die Siegeslieder, die Pindar an sizilischen Höfen aufführen ließ und die dennoch Kostbarkeiten griechischer Literatur sind, nicht anders als die von tönender Anrede eröffneten Oden des Horaz. Was macht sie zu einem monumentum aere perennius? Welche Kunst, welche Fügung, welche Sagkraft des Wortes?

Das zitierte Gedicht hat in der Reihe dieser Schat-

70

tenschnitte, sosehr seine formale Struktur des aus zwei vierzeiligen Strophen gebildeten Ganzen ihm mit den anderen Gedichten der Gruppe gemeinsam ist, das Besondere einer zweistimmigen Komposition, Frage und – in anderer Stimme tönende – Antwort. Und wie jedes Verhältnis von Frage und Antwort hat auch dieses eine genau gefügte Entsprechung – den Auflaut, der sich in der Schwebe des Versuchens hält, und die Entschiedenheit des Gegenwortes, das das Ganze zum Ganzen siegelt. Denn allerdings ist auch dieses Frage-Antwort-Gedicht ein Ganzes, und die fragende wie die antwortende Stimme sind weit eher die Stimmen einer musikalischen Komposition als die der Abbildung eines Gesprächs zweier Einzelner.

Die fragende Stimme hat etwas Forderndes. Überlegenheit und Sicherheit geht von ihr aus – und sie weiß, was sie sagt. Sie weiß, wogegen sie redet. Indem sie sich auf ihre hellen Welten beruft, sind die düstren Welten des anderen mit da. Und wenn der Angeredete die hellen Welten ›ahnt‹, so scheint das zu suggerieren, daß er sie wie ein höheres, fernes Ziel oder ein gelobtes Land erkennen soll. Das wird insbesondere dadurch deutlich, daß diese »hellen welten« als Linien – wie helle Berglinien eines fernen Ziels – erscheinen. Oder meint dies zugleich die klare Linienführung *in* diesen hellen Welten, ihre geistige Architektur? Es ist wohl beides – ein klares Vorbild und ein Vorbild von Klarheit: Landschaft, die ganz von Menschen gestaltet und von der hellen Geistigkeit menschlicher Durchformung beseelt ist. »Die bunten halden mit den rebenkronen« evoziert die rheinischen Weinberge, eine kö-

71

nigliche Landschaft, streng und planvoll gebaut, und vom herbstlichen Gold der Reben wie gekrönt. Das Element mit seiner vormenschlichen Gewalt ist nur per contrarium, in der gebändigten Klarheit dieser Landschaft da. Die künstliche Flüsterstimme des Zephir läßt es ungerufen. Das gleiche gilt für die geraden Pappeln: diese im 18. Jahrhundert nach Europa verpflanzte Baumart, die mit dem geometrischen Geist der Zeit, mit der geregelten, gezirkelten, geplanten Straßenlandschaft des 18. Jahrhunderts zusammengeht, ist wie ein Symbol menschlich geordneter, menschlich beherrschter Natur – und vollends klingt der ganze Zauber einer in Kunst verwandelten Natur in der vierten Zeile auf: Mit der Anrufung Tiburs, des berühmten Landsitzes augusteischer Zeit, den jeder Humanist aus Horaz kennt, mag in die erregte Landschaftsvision des Lesenden, Hörenden ein Zweifel kommen, ob hier der reine Süden, Italien, dem reinen Norden entgegengesetzt sei — bis man die stärkere Evidenz des Symbolwortes (Tibur ist Tivoli) erkennt und mit Bewunderung realisiert, daß die berühmten Wasserspiele dieses gesegneten Platzes mehr meinen als das Sinnbild deutschen Romfahrertums, daß sie die Anmut und den Lebensgenuß römischrheinischer Humanität als eine Lage der menschlichen Seele beschwören. Woher weiß man eigentlich, daß »Tiburs wasser« ein Plural sind? Gewiß nicht aus klassisch-archäologischer Bildung, wohl auch nicht nur aus den umgebenden Pluralformen der Pappeln und der Flöten – die mächtige Gebärde des vorangestellten Genetivs ›Tiburs‹ ist es vor allem, die die

72

volle Weite dieser künstlichen Paradiese heraufruft.

Und doch ist etwas Schwereloses, etwas Unwirkliches in dieser dem Ahnenden verheißenen Landschaft – die Antwort, das Gegenwort, das die zweite Strophe sagt, ist in der Frage schon da. Diese Antwort ist die ganze andere Seite der Seele, ist erst das Ganze der Seele. Das kann kein Leser des *Jahrs der Seele* verkennen, daß das blonde Haupt des Antwortenden keine fremde Botschaft sagt, sondern wahrhaft erinnert, ein innerstes Wissen um die elementaren Gewalten ausspricht, die allem Seelentum und Geisteswesen erst volles Leben, Wahrheit und Wirklichkeit verleihen. Es ist nicht umsonst, daß die drei letzten Verse bis in die Vokalisation hinein die Macht des Elementaren entgegenhalten – dieser Stolz ist nicht nur der des blondhäuptigen Nordländers auf seine Heimat, sondern mehr noch der Anruf der großen Natur- und Seelenmacht des Erhabenen, dessen dynamische Unendlichkeit Kant der »intelligiblen Bestimmung der Menschheit« gewiß sein ließ. Ein anderer, nicht auf die Humanisierung, geschweige denn auf die Bändigung der Natur gegründeter Stolz, sondern ein Stolz, der die Natur besteht und geistig ermißt, ist es, der den Menschen das Haupt heben läßt.

Man kann sich fragen, ob das ausgewogene Gleichgewicht dieser Frage und dieser Antwort, ob das innere Gleichgewicht der Seele, die beide Welten liebt, oder gar, ob der Rest lebensgeschichtlicher Anspielung, die den rheinischen und den holländischen Dichter konfrontiert, durch solche Deutung nicht am Ende verschoben wird. Ist wirklich die Gegenstrophe mehr als

73

eine Entgegnung? Ist sie wirklich Einklagung eines übergangenen Rechts? Dichtungsauslegung kann nie vermeiden, einseitig zu werden, und hat daher andere Seiten offenzulassen. Gewiß war der Dichter dieser Verse immer auf der Seite des Gestalteten, Klaren, Beherrschten, und den zerlösenden Weiten des Unbestimmten, Unmäßigen abhold. Aber dies *Jahr der Seele* spricht allzu deutlich aus dem nächtlichen Grunde der Seele, als daß man die großen Bilder des Sturmes, des Moores, des alles begleitenden, alles bestreitenden Atems der See ihm nicht als Eigen lassen müßte. Gewiß hat sich das auch dem Text gegenüber zu rechtfertigen. Diese Rechtfertigung soll hier nicht durch Ausgreifen über den gewählten Text auf Seelenlage und Stimmungsmacht des ganzen Buches oder gar auf die Topik von Sturm und Meer im Gesamtwerk des Dichters gegründet werden, sondern auf die Bewußtmachung der Klangbewegung dieser Verse selbst.

Zwar, die Antithese ist wie bloße Gegensetzung. Aber wie ist das vorbereitet – so daß es gar nicht ausbleiben kann. Die Tonlage der beiden letzten Verse der ersten Strophe, das sanfte Säuseln des Windes, das leichte Plätschern der Wasserspiele Tivolis, alles in hohen, hellen, heischenden Tönen gehalten, fordert das machtvolle Bekenntnis zum Grunde geradezu heraus. Und so sind es weithallende Klang- und Sinngebilde, die diese andere Strophe füllen, wie vom basso continuo eines unendlichen Chorals skandiert. Es ist ein menschenloses Dahinfahren des Elements. Kein Macbeth, kein Hamlet ist beschworen, und doch ist es wie

74

ein Dröhnen in der Luft, das sich zu Shakespearischen Vers-Visionen erheben möchte. Aber wie wird das alles hineingenommen in den letzten Vers, in dem sich Geheimnis und Offenbarung dichterischer Kunst auf wunderbare Weise die Waage halten. Es sind einfache Worte – Geräusch, ungeheuer, See –, die hier zur unauflöslichen Einheit eines Gebildes zusammengehen – und so, daß sie in der neuen Fassung wie seltene, erlesene Steine blitzen. Was ist nicht alles Geräusch. Aber dieses Geräusch ist das Rauschen der Brandung selbst, ist dies Ganze unaufhörlichen Schlagens und Verrinnens – die unendliche Melodie, vor der alle menschlichen Laute und Gestaltungen zufällig-flüchtig werden. Warum hört man das alles? Gewiß, da ist die Wiederaufnahme der Laute, ›r‹ zu ›r‹, des Vokals zum Vokal – und irgendwie mag der Chiasmus von ›r-äu-eu-r‹ den Grundlaut des ›au‹ in Rauschen freisetzen. Aber es ist dann ja auch die kollektive Formung, die das Rauschen zum Geräusch werden läßt und die Übermacht des allen menschlichen Gestaltungskräften fernen, ihnen gleichmütig überlegenen Elementes evoziert. Die See, dies mütterlich all-umfassende Wasser, heißt ›ungeheuer‹. Fast klingt es trivial: wie ›riesig‹ oder ›grenzenlos‹ – und dann doch nicht. Dann doch wie ein letztes, ein endgültiges Wort. Nein, ein vorletztes. Denn die ›ungeheure See‹, gewiß, sie ist das Weltmeer, in das alles zurückgeht und aus dem alles kam. Aber es ist doch ›die See‹! Vor der einen Staunen und Jauchzen befällt. Denn sie ist nicht um ein Weniges, sondern ein unendlich Größeres als alles, was Menschenhand zur Ordnung einer hellen

Welt fügte, was menschliches Schaffen ins Licht herauf-
gebar — sie läßt uns ›der ungeheuren Weite Segen
ahnen‹.

Rainer Maria Rilke
nach fünfzig Jahren

Wenn wir des 100. Geburtstages Rainer Maria Rilkes gedenken und der Tatsache innesind, daß er wenig über fünfzig Jahre alt geworden ist, so trennt uns ein Abstand von einem halben Jahrhundert von seiner Zeit – fünfzig Jahre, in denen sich die Welt, in denen wir uns, in denen Wesen und Wirken der Dichtkunst sich gewaltig verändert haben. Wir realisieren den historischen Abstand. Wir wissen, daß vieles abgestorben ist, was damals dem Wort der Dichter Widerhall gewährte, und daß in den heute Lebenden neue Resonanzräume sich aufgetan haben, die anderes verstärken und anderes übertönen. Was blieb gültig und worauf beruht die Gültigkeit dessen, was noch gilt? Ein Abstand von fünfzig Jahren kann die größte Ferne bedeuten. Selbst Goethes 50. Todestag – so gut wie sein 100. Geburtstag – war keineswegs die fraglose Bestätigung seiner geistigen Gegenwärtigkeit. Die Erstauflage des Westöstlichen Diwans war damals noch nicht ausverkauft! Und gar Philosophen wie Hegel oder wie Heidegger waren und sind – wie die Dichtung Rilkes – nach fünfzig Jahren in der Zeit ihrer größten Sonnenferne.

So ist es eine allgemeine Frage, die nicht nur an dieses dichterische Werk gerichtet ist. Alles, was in den dauernden Bestand dessen eingerückt ist, was wir ›Literatur‹ nennen, steht auf eine rätselhafte Weise zwischen ›Einst‹ und ›Immer‹. Der Gang der Zeit ist wie ein großer Filterungsvorgang, der Weniges, und dies dauernd, zurückbehält. So auslesend zu sein, ist das Wesen aller Überlieferung. Das Werk der Kunst, das von der Überlieferung erhalten wurde, auch das der sich am meisten ›authentisch‹ erhaltenden Dichtkunst, steht darüber hinaus unter besonderen Gesetzen. Seine ›Dauer‹ ist nicht nur die des Überlebens, im Sinne der Erhaltung einer Kunde von Vergangenem, die auf das Vergangene zurückgeht und zurückweist. Jede Begegnung mit einem Werk der Kunst ist vielmehr ›absolute‹ Gegenwart, gelöst von allem Bezug auf eine ursprünglichere, authentische, aber vergangene Gegenwart. Ist das noch Dauer des Selben? Was dauert da? Das gleiche ›Werk‹? Gewiß ist es noch derselbe Marmor, aber ohne seine ursprünglichen Farben, es ist noch derselbe Text, aber ohne das widertönende Auditorium, für das diese Sprache seine eigene war. Es ist »gültig« als Werk, obwohl uns seine ›Welt‹, der Götter und der Menschen, kaum noch anders gilt als eine Kunde von Vergangenem. Warum gilt es?

Die Antwort einer formalistischen Ästhetik wird sein: Wir bewundern und uns erhebt das ›Formniveau‹ dieser Gestaltungen, deren inhaltliche Aussage uns vergangen bleibt, und vielleicht ruft man gar die ›Wissenschaft‹ an, daß sie uns beweist, wieviel Meisterschaft des Könnens in diesen Gebilden Stein oder Farbe oder Wort geworden ist. Aber ist es das, was gilt? Kunst für Kenner? Ist es nicht eher umgekehrt so, daß all diese Könnerschaft – außer für eine Sekundär-

78

wahrnehmung des Kenners – gar nicht als solche wahrgenommen wird, daß vielmehr durch ihre Vermittlung etwas anderes zu Gehör kommt, das gilt? Was es auch sei, unsere Frage meint dies. Ist es ein unveränderlich Selbiges, was in allen solchen Vernehmungen vernommen wird? Oder ist es, wie der junge Lukács meinte, ein einmaliger Begegnungspunkt unserer ästhetischen Regsamkeit mit dem Gebilde, der Subjektivität mit der Objektivität, was den Seinsstand des Kunstwerks ausmacht? Beide Antworten verfehlen offenkundig die lebendige Spannung von Einheit und Vielfalt, von fester Bestimmtheit und wechselnder Weiterbestimmung, die die »Dauerhaftigkeit« eines Kunstwerks ausmacht.

Es ist auch nicht erst der historische Abstand, der nach Dezennien bei der Rückkehr zu demselben Werk Neues und Anderes daran herauskommen läßt: all unser Aufnehmen von Kunst, wie unser ganzer Existenzvollzug, ist von Zeitlichkeit durchwaltet. Das Werk eines Dichters begegnet nie mit einem Male. – Auch wenn ein künstlerischer Eindruck im zeitlosen Nu eines Augenblicks zu stehen scheint – wir bleiben nie derselbe, der wir waren. Jede neue Begegnung mit einem Werk wird zwar irgendwie und irgendwann auf frühere Begegnungen Bezug haben, aber merkwürdigerweise ist es selbst dann kein wirkliches Erinnertwerden an die frühere Begegnung – sie ist wie ausgelöscht, wie ein Palimpsest, eine kaum noch lesbare Schrift hinter dem Text, den wir lesen. Jede Begegnung hat ihre eigene Konstellation, mit ihrem eigenen Hintergrund von Widerklang und Verhallen. Reiz-

79

barkeiten kommen auf und stumpfen sich ab. Die Gestirne wechseln ihre Stelle.

Hier ist ein Gesetz dessen, was man ›Reiz‹ nennen kann, das vor allem von der formalistischen Schule der Russen – den Anregern und Vorbereitern des Strukturalismus – herausgearbeitet worden ist, aber im Grunde auf Einsichten Kants zurückgeht. Er unterschied den Reiz von der Form – und in der Tat: was Reiz ausübt, unterliegt der Dialektik des Neuen: daß es veraltet und Altes, Verblaßtes, Vergessenes neuen Reiz gewinnen läßt. Dagegen ist ›Form‹ eine dauerhafte und Dauer verbürgende geistige Aufgabe: etwas, was wir selber aufzubauen haben, als Beschauer, Hörer, Leser, und was daher ganz ›unser‹ ist, wenn wir überhaupt es zu uns hereinließen.

Wonach ist also gefragt, wenn wir das Werk Rilkes unter der Perspektive ›nach fünfzig Jahren‹ betrachten? Gewiß leitet uns kein historisches oder gar biographisches oder selbst im traditionellen Sinn wirkungsgeschichtliches Interesse. Wir fragen nicht nach der Welt vor hundert Jahren, oder vor neunzig, als der junge Rilke seine unzähligen frühen Verse schmiedete, und nicht nach seinem langsamen Wachsen und Reifen, oder nach der großen Nachgeschichte seines Werkes, die lang nach seinem frühen Tode im Dezember 1926 einsetzte und alles übertraf, was ihm in nicht geringem Maße zu Lebzeiten an dichterischen Erfolgen zuteil geworden war. Nach fünfzig Jahren, das meint eine echte Bestandsaufnahme. Der Ältere wird sie als seine eigene Sache, die eines jungen Zeitgenossen des Dichters, vornehmen, kann aber kaum beanspruchen, für Jüngere zu sprechen. Alle Lebensalter Jüngerer stellen ihre eigenen Bedingungen – und es ist doch derselbe Bestand, der gemeint ist.

Hat es Bestand? Man wird in diesem Falle so wenig zweifeln dürfen, wie in den anderen genannten Fällen. Wir spüren es ja selbst, daß es nicht Rilke allein ist, was uns in diese Ferne gerückt ist – das gleiche gilt von George gewiß auch, und selbst von Hölderlin, dessen bedrängte Inständigkeit, seit seiner ›Entdeckung‹ in der Zeit des Ersten Weltkrieges, den Ton anschlug, auf den unser Ohr für das Dichterische jahrzehntelang gestimmt blieb. Es ist dieser ›hohe Stil‹ — im Zeitalter der Abwendung vom Naturalismus und Psychologismus der Jahrhundertwende ein zauberkräftiger Reiz –, vor dem eine Zeit zurückweicht, der man so überdeutlich kommt, im Wettgeschrei der Massenmedien, der Reklame und der Propaganda, daß ihr jeglicher Nachdruck der Rede Widerstand weckt.

Rilkes Werk hat sich selbst klar strukturiert durch seine Gipfelung im Spätwerk der *Elegien* und der *Sonette an Orpheus*. Die frühen Gedichte, halb gegen den Willen des Dichters später unter diesem Titel versammelt, sind keine schlechten Gedichte. Sie sind virtuos, gekonnt. Wie viele Versuche lagen selbst diesen Pseudoleistungen voraus? Wir erkennen eine unerhörte Biegsamkeit der Sprache, Variationsreichtum, Allregsamkeit, Allreizbarkeit – und dennoch: Georges bekanntem Verdikt, er habe zu früh publiziert, hat Rilke später »sehr, sehr« recht gegeben. Vielleicht war auch etwas von dem Zerfließen eines weiblichen Gemüts in den unendlichen Weiten östlichen Seelentums in ihm angelegt, das ihn fast zergehen ließ. Aber dann beginnt das ›Werk‹: *Das Stunden-Buch.* Der Dichter hat es selbst als eine Art Vorwegnahme empfunden, abseits von seinem damaligen Sein und Schaffen, sich selbst voraus, und es ist wahr – es enthält nicht nur wunderschöne und tiefe Gedichte, es ist auch wie ein erstmals und endgültig angeschlagener Ton darin, auf den alles spätere Schaffen des Dichters komponiert ist. Ein ganz persönliches, individuelles Gottesverhältnis spricht sich aus – wenngleich instrumentiert durch zahllose Gestalten und eine unendliche Variation von Stimmen.

Wenn man die Geschichte der modernen Lyrik seit Mallarmé in eine Formel fassen will, so ist wohl die treffendste die Überwindung des rhetorisch-prosaischen Elements in der Poesie. Rhetorik ist zwar Kunst, kunstvolle Komposition von Rede und Argumentation, und die traditionelle Einheit von Rhetorik und Poetik hat ihren Boden. Dennoch erhebt sich die Kunst des dichterischen Worts zu ihrer vollen Eigengesetzlichkeit erst in der *poésie pure,* so daß sie keines festen Haltes in der Einheit des Gegenständlichen, Stofflichen, Mythischen mehr bedarf, um dennoch »Sage«, Aussage zu sein. Nun ist Rilke gewiß nie dem Ideal der *poésie pure* bis ins Extrem gefolgt. Ein rhetorisches und insbesondere ein fast lehrhaftes Element ist ihm eigen – man denke insbesondere im späten Elegienwerk an die zahllosen Sperrungen, die uns heute überflüssig, wenn nicht gar störend scheinen. Aber im späteren Werk bleibt alles Stoffliche bloß Anspielung, die in die Meditation eingegangen ist – im *Stunden-*

82

Buch, wie in manchen anderen Gedichten seines frühen Schaffens, ist die Meditation noch auf angenommene Rollen verteilt. So weist auch noch das *Stunden-Buch* von sich und seinen güldenen Kostbarkeiten weg in eine größere Armut und Strenge.

Das Werk, das den wichtigsten Schritt zwischen diesem Anfang und dem späteren Gelingen markiert, war ein Roman: *Die Aufzeichnungen des Malte Laurids Brigge.* Seit Nietzsche wohl die schönste, reichste, reifste deutsche Prosa, die ich kenne, von einem bezwingend klaren Rhythmus getragen und wie von einer durchsichtigen Dunkelheit durchstrahlt, über der der opalene Schimmer eines leidenden Gedächtnisses liegt – ein Buch, das als Roman damals fast einzig dasteht, da es alles Romanhafte in seinen Eigenraum einer zeitlosen Gegenwart des Erinnerns auflöst. Fast möchte man es die Fanfare einer Revolution nennen, die eine neue Romanwelt des Gedächtnisgeschehens heraufführte: Proust, Joyce, Beckett – wenn auch nur ein einziger Ton des Paradigmatischen, Fordernden, Heischenden in diesen stillsten Zeilen deutscher Prosa zu vernehmen wäre. Manchmal mag man die Nähe Herman Bangs und gewiß das vom Dichter stets betonte Vorbild Jens Peter Jacobsens spüren. Es ist ein Roman, dessen ›Text‹ einem Helden in den Mund gelegt wird, der nicht der Erzähler selbst ist. So bleibt es ein Roman, den ein Erzähler erzählt. Was diesen ›Roman‹ in die vorderste Linie des Rilkeschen Werks stellt, sind nicht die Vorzüge seines literarischen Mutes und seiner dichterischen Gekonntheit, sondern seine Tapferkeit. Wie hier ein qualvolles Leiden an sich sel-

83

ber ausgehalten und hilflose Klage durch alle Verschmähung von Tröstung geadelt wird, führt einen neuen, männlichen Ton von Härte in die weibliche Empfindsamkeit von Rilkes dichterischem Werk ein. Seitdem konnte man wissen, daß einer der ganz Großen unter den Dichtern dieser Welt in Bildung begriffen war, einer, der bis an die äußerste Grenze ging und dort standhielt. Im Schein der Dunkelheiten, den der Malte um sich warf, gewann manches aus den *Neuen Gedichten* etwas ähnlich Bestimmtes und Hartes, wie ein zuverlässiges Versprechen, alles aushalten zu wollen.

Aber dann erst, nach unendlichen Mühen und den Qualen einer fast *zehnjährigen* Schweigsamkeit, brachten die *Duineser Elegien* und *Die Sonette an Orpheus* mit einem Schlage die Erfüllung, das Gelingen eine stürmische Ernte im Winter 1922. Niemand kann seither die Linie dieses Werkes länger verkennen, die vom Verfließen in Weiten zur fast gepreßten Intensität eines verhaltenen Schreies geführt hat. Es hat eine zwingende Folgerichtigkeit. Der Dichter hat es selbst so empfunden, indem er insbesondere *Das Marien-Leben,* den letzten Gedichtzyklus, den er vor den Elegien veröffentlicht hat, selber später als eine Art Rückfall bezeichnete. Die Vollendung der Elegien meldete er seinen Freunden mit einem tiefen »Es ist vollbracht«.

Es ist heute kaum möglich, sich der inneren Notwendigkeit im Aufbau des Elegienwerkes zu entziehen. Hier scheint alles auf seinem von jeher bestimmten Platz zu sein. Es wirkt wie die Erfüllung eines lang vorbereiteten Planes. In gewissem Sinne stimmt

das wirklich: die ersten vier Elegien sind schon 1912/
13 entstanden, und die Anfangszeilen der heutigen
zehnten Elegie samt einer später verworfenen Fortsetzung ebenfalls. Die Zielmarke war sozusagen gesetzt,
und die zehn Jahre bis zum Erreichen dieses Zieles sehen den Dichter in unseligem Ringen, durch die Un-
gunst der Zeiten und mehr noch gewiß durch inneres
Ausweichen gehemmt und beirrt. Indes, man soll die
ergreifende Schilderung, die Rilke in mehrfachen, fast
gleichlautenden Briefen von dem Sturm des Gelingens
gibt, der im Februar 1922 über ihn kam, nicht allzu
wörtlich nehmen: dieser ungeheuere Aufschwung war
ein Arbeitsabschluß, eine Ernte langer Vorbereitung,
eine plötzlich aufspringende innere Nötigung, zusam-
menzufassen – und, wie das dann nicht anders sein
kann, zu unterdrücken, wegzulassen, auszuscheiden,
was sich nicht einfügte. Daß dies der wahre Sinn der
beschriebenen Vorgänge war, scheint mir durch die
Tatsache bewiesen, daß Rilke den Elegien noch nach
ihrer Vollendung einen zweiten Teil: »Fragmentari-
sches« beigeben wollte – eine Art Kompromiß mit sich
selbst, auf den er später offenbar ganz von sich aus
verzichtet hat, als er an sich selbst und den ersten Le-
sern sah, wie diese zehn Elegien ›standen‹.
   Ja, wir können sogar noch deutlicheren Einblick in
diese inspirierten Wochen gewinnen, in denen die Vollendung gelang. Es waren zunächst nur sieben Elegien,
die Rilke bereits als das fertige Werk ansah und an-
kündigte, und erst in den unmittelbar folgenden Tagen traten die noch fehlenden drei hinzu. War erst
darunter wirklich die zehnte? Man kann sich schwer

85

vorstellen, wie irgendeine andere der Elegien den Schluß einer Reihe hätte bilden können als diese schon 1912 begonnene. Aber gerade darin mag sich dokumentieren, wie unfertig der anfängliche Abschluß war und wie die Bruchstücke und Entwürfe, über die Rilke gebeugt war, förmlich darauf warteten, an das schon Gestaltete anzuschießen wie in einem natürlichen Kristallisationsprozeß.

Noch viel erstaunlicher aber und für die Zufälle und Notwendigkeiten in diesem Vollendungssturm endgültig beweisend ist die erst ganz kurz vor der Absendung des Manuskripts an Kippenberg, den Inhaber des Insel-Verlags, vorgenommene Austauschung der fünften Elegie. Hier gelang dem Dichter, wie er schreibt, in einem »Nachsturm« die Elegie der Fahrenden – schwerlich als eine plötzliche neue Inspiration im Ganzen, wohl eher als die – plötzlich genug gekommene – Reifung und Fügung älterer Entwürfe zur überzeugenden Einheit des Gedichts. Das eigentlich Lehrreiche an diesem Vorgang liegt aber in dem Gedicht, das ursprünglich die fünfte Elegie war und in den »Späten Gedichten« – unter dem Titel »Gegen-Strophen« zu finden ist.

Gegen-Strophen

Oh, daß ihr hier, Frauen, einhergeht,
hier unter uns, leidvoll,
nicht geschonter als wir und dennoch imstande,
selig zu machen wie Selige.

86

Woher,
wenn der Geliebte erscheint,
nehmt ihr die Zukunft?
Mehr, als je sein wird.
Wer die Entfernungen weiß
bis zum äußersten Fixstern,
staunt, wenn er diesen gewahrt,
euern herrlichen Herzraum.
Wie, im Gedräng, spart ihr ihn aus?
Ihr, voll Quellen und Nacht.

Seid ihr wirklich die gleichen,
die, da ihr Kind wart,
unwirsch im Schulgang
anstieß der ältere Bruder?
Ihr Heilen.

Wo wir als Kinder uns schon
häßlich für immer verzerrn,
wart ihr wie Brot vor der Wandlung.
Abbruch der Kindheit
war euch nicht Schaden. Auf einmal
standet ihr da, wie im Gott
plötzlich zum Wunder ergänzt.

Wir, wie gebrochen vom Berg,
oft schon als Knaben scharf
an den Rändern, vielleicht
manchmal glücklich behaun;
wir, wie Stücke Gesteins,
über Blumen gestürzt.

Blumen des tieferen Erdreichs,
von allen Wurzeln geliebte,
ihr, der Eurydike Schwestern,
immer voll heiliger Umkehr
hinter dem steigenden Mann.

Wir, von uns selber gekränkt,
Kränkende gern und gern
Wiedergekränkte aus Not.
Wir, wie Waffen, dem Zorn
neben den Schlaf gelegt.

Ihr, die ihr beinah Schutz seid, wo niemand
schützt. Wie ein schattiger Schlafbaum
ist der Gedanke an euch
für die Schwärme des Einsamen.

Ein schönes Gedicht, ganz aus dem Eigensten Rilke-
scher Liebeserfahrung und Liebesmoral geschöpft.
Man mag es selbst eine Elegie nennen, diese Klage und
Anklage, die über die vom Manne nie recht erlernte
Liebe ergeht. Aber als eine Elegie in der Folge der
Duineser Elegien würde sie niemand ansehen, so anders ist ihr Ton, ihr Maß, ihr Nachhall. Der Dichter
gestand sich das offenbar sogleich ein, als ihm die Elegie der Fahrenden gelungen war. Er dachte keinen Augenblick daran, sie als elfte in die Reihe der Elegien
einfach einzureihen, sondern ersetzte durch sie die »Gegenstrophen«. Aber es sagt doch etwas, daß die »Gegenstrophen«, die offenbar als fünfte Elegie schon 1912
geplant waren, als die erste Strophe entstand, und die

88

auch erst im Februar 1922 vollendet wurden, noch damals an die schon länger vollendeten ersten vier Elegien als fünfte Elegie angeschlossen werden sollten. Man wird daran gewahr, welche Dimensionsverschiebung, welcher Dimensionsgewinn mit der Vollendung des Ganzen erreicht worden ist.

Zwar ist es kein Zweifel, daß die ersten vier Elegien heute kaum als zehn Jahre früher entstanden erkannt werden würden, wenn man es nicht wüßte. Auch bleibt das Thema der großen Liebenden durch das ganze Werk beständig anwesend. Jedoch schon mit der Helden-Elegie, und mehr noch mit den folgenden – man denke an die Rudolf Kassner gewidmete Tier-Elegie – verliert die Gegenwendung von Frau und Mann, die in den »Gegenstrophen« bis zum elegischen Wechselgesang gesteigert ist, die strukturbildende Bedeutung. Das Gemeinsame, uns allen Zugeteilte, für uns alle Anteilige wird jetzt beherrschend. Wie anders fügt sich die Elegie der Fahrenden in dieses größere Spannungsfeld. Das Elegienwerk als Ganzes wäre ein anderes – weit mehr ein Sang von Mann und Frau –, wenn die »Gegenstrophen« in dieser Reihe geblieben wären.

Man darf das alles vergessen – man hat es vergessen, sowie man sich unserem Text gegenübersieht, der wahrhaft endgültig wirkt. Genau das ist es aber, wie ein dichterisches Gebilde sich zur Gültigkeit erhebt: es streift nicht nur die Zufälligkeit seiner Entstehung, die Anläufe und Abbiegungen, die Variationen und Wiederholungen ab, die in den Keimen und Entwürfen lagen – es streift auch, mehr und mehr, alle dem Zeit-

89

punkt der Entstehung, ja dem Zeitalter der Entstehung vorbehaltenen Bezüge ab –, es wird namenlos
gültig trotz aller Bemühung der Gelehrten, es histo-
risch oder biographisch einzufügen, oder der Soziolo-
gen, es zu »erklären« und abzuleiten.

Da hilft es wenig, festzustellen, daß Rilke ein religiöser Dichter war. Besser sollte man das Wort Religion dort nicht gebrauchen, wo keine religiöse Gemeinschaft den Sinn des Wortes konkretisiert, und das ist
für die einsame Stimme dieser Dichtung gewiß nicht
der Fall. Man wird auch nicht die hundertfache Variation christlicher Motive – römisch-katholischer wie
östlicher Christlichkeit –, die mindestens seit dem
großen Rußlanderlebnis Rilkes durch sein Werk geht,
als Orientierung wählen dürfen. Es ist ja gerade der
große neue Ernst der Duineser Elegien, daß sie jeden
Anschluß an bestehende Religionen und Glaubenswel-
ten radikal aufgeben und selbst das leise Gespräch mit
Gott, das Malte nicht abreißen lassen wollte, diskret
verschweigen. Rilke selbst hat, in seiner zuletzt immer
leidenschaftlicher werdenden Ablehnung des Christentums und seines Angebots an Tröstungen und Verheißungen, gelegentlich der jüdischen und islamischen Religion mehr recht gegeben und würde vielleicht auch in
den großen asiatischen Religionen Verwandtes gespürt
haben – wie er ja auch vom griechischen und vom
ägyptischen Altertum etwas ahnte. Aber die unendli-

90

che Diskretion gegenüber Gott, die er einmal bekannt hat, meint ein Verschweigen, das alle solche Bezugnahme zurückweist.

Das gerade ist es: Rilkes Dichtung gesteht sich ein, daß Gott fern ist und daß keine Heraufbeschwörung christlich-humanistischer Glaubensvorstellungen oder ältester mythischer Symbole uns die Ferne Gottes verschleiern darf. Das gibt der Botschaft dieser Dichtung ihre Anredekraft. Sie hat ihren evidenten Zeitbezug und bleibt zugleich – als eine äquivalente Aussage – für jede religiöse Verkündigung wahr, die sich nicht selbst für überflüssig erklären will. Sie mahnt uns, uns diese Ferne einzugestehen und in ihr aufrecht zu stehen. Mochten die *Geschichten vom lieben Gott* und *Das Stunden-Buch* noch immer die letzte Erreichbarkeit und Gegenwart Gottes vortäuschen: Malte Laurids Brigge sucht zu lernen, in der Ferne von Gott zu leben, gewiß nicht, ohne zu leiden, wohl aber, ohne Tröstungen oder Verheißungen zuzulassen, die ihn nicht wahrhaft erreichen, und das Elegienwerk hat gerade dadurch seinen Rang, daß es der unendlichen Entfernung von Gott voll gewahr und eingeständig ist und selbst den Anruf an den Engel noch zurückzuhalten sucht.

So ist diese Dichtung eine Dichtung der Gottferne. Ihr entspricht aufs genaueste die Rühmung des Hiesigen und des Hiesigseins; das leidenschaftliche Bekenntnis zum hiesigen Dasein, noch in seiner äußersten Jämmerlichkeit, Not, Bedrängnis. Solche Zustimmung verknüpft sich mit der Ablehnung der Vertröstung auf ein Jenseits. Das ist die »Botschaft«, die wir hören. Ist sie

91

uns neu? Ist sie nicht altvertraut? Man braucht nicht gleich an Nietzsches Zarathustras »Mensch, bleib der Erde treu« zu denken. Wir verstehen es schon immer, aus jener tiefsten Lebensgewißheit, die den Tod nicht wahrhaben will und an seiner Unbegreiflichkeit rettungslos scheitert. Gerade das Christentum hat darin seine ganze Rechtfertigung gesehen, daß es die Verzweiflung des Todes nicht verschönte oder verhüllte, sondern im Gekreuzigten als versammelndes Zeichen aufrichtete. Nicht durch Verhüllung seiner Bitterkeit, sondern durch völlige Selbstaufgabe wird die Überwindung des Todes in Christus vorgelebt und zugleich verheißen. Das, und nicht die rührenden Jenseits-Hoffnungen auf den Himmel des Wiedersehens und der für alles Jammerdasein entschädigenden Belohnung des Glaubens, ist die eigentliche Botschaft des Christentums. Aber wie Nietzsche sah auch Rilke auf den irdischen Haushalt der christlichen Glaubensgemeinschaft, die Menschen mit ihrer schäbigen Rechnung von Unglück und Seligkeit, und verwarf das.

Ohne Tröstung auszuhalten und zu überstehen, darin hatte Rilke schon die religiöse Produktivität des Malte gesehen. Das Beispiel der jungen Toten in der ersten Elegie geht einen Schritt der Zustimmung weiter, wenn auch nur den negativen, »des Unrechts Anschein« von den jungen Toten zu nehmen. Das wiederum hat das Christentum auf seine Weise von jeher in der Ergebung in den unerforschlichen Ratschluß des Herrn gelehrt. Nur ein verblassendes, moralisiertes Christentum, das noch in Kants postulatorischem Gottesbeweis geistert, mochte hier Ausgleichsgedanken

92

einbringen. Aber dies kommt nicht von ungefähr. Diese »moralische Weltrechnung« der Gegenleistungen ist ein ganzes System des Lebens, das uns alle beherrscht – und dies meint die Botschaft der Elegie. Sie verweigert jegliche Berufung auf eine religiöse Verheißung, weil eine solche sofort in das System der Gegenleistungen einmündet. Sie ruft in den Bezeugungen des menschlichen Herzens den Überstieg über dieses Weltsystem der aufgehenden Rechnungen auf: daher die unendlich Liebenden, daher der Held, daher das Vorbild der Liebenden, die wahrhaft ineinander Genügte wären. Daher der Engel, das uns unendlich übertreffende Wesen.

Es ist nur die eine Seite des Ganzen, die in Rilkes den Engel deutenden Briefen hervortritt: Er nennt sie die Garanten des Unsichtbaren. Das ist sozusagen ihre Beweisfunktion für den der Metaphysik Bedürftigen und ihrer Entwöhnten. Aber die andere Seite ist gerade die, daß es in Wahrheit keines Garanten bedarf, weil unser eigenes Herz selbst es ist, das dafür einsteht. Es weiß, wie es zurückbleibt hinter dem, was es ganz zu erfüllen scheint. »Denn wir, wo wir fühlen, verflüchtigen.« Der Engel ist überhaupt nur das Gewahrwerden unseres eigenen Zurückbleibens hinter uns selbst. Denn wir sind selbst uns übersteigende, ›metaphysische‹ Wesen. Und doch hört uns nicht einmal der Engel.

Das ist das elegische Grundmotiv, das vor allem die ersten Elegien beherrscht. Die elegische Klage gilt nicht etwa den verlassenen Liebenden, nicht den jungen Toten, dem »vor dem Leben« lebenden und sterbenden

Kind, sondern uns, die wir nie so unbedingt sind wie diese, sondern immer auf uns selbst bezogen bleiben und beständig die Gegenrechnung aufmachen. So sind wir abhängig und bedingt vom Gegenüber.

> »Wir, von uns selber gekränkt,
> Kränkende gern und gern
> Wiedergekränkte aus Not.«

Rilke hat seine eigenen dichterischen Anfänge eben deshalb verurteilt, weil sie allzusehr den Erfolg – dies universalste Gegenüber – meinten. Er hat Rodin und vor allem Cézanne wegen der Unbeirrbarkeit ihres Schaffensweges und für ihr entschlossenes Alleinstehen und Bestehen auf der Suche nach der eigenen Sprache bewundert. Er hat sein eigenes späteres Leben so eingerichtet, daß er seine Lebenspartner, zuerst seine Frau und Tochter, und manche andere, die ihm nahekamen, von sich weggerückt hat, wie in einem liebevollen Eingeständnis seines Nichtkönnens und zugleich in dem arbeitsamen Entschluß, das Alleinsein auszuhalten und durch nichts zu verstellen. Ein ganzes System der Diplomatie des Herzens hat er entwickelt, um sich die äußere und äußerste Unabhängigkeit des Daseins zu ermöglichen. Der bekannte Briefwechsel läßt das nur gerade ahnen. Die Produktivität seiner dichterischen Antwort sollte die alleinige Rechtfertigung dafür sein, daß er sich schonte, verwöhnen ließ, entzog und verschloß.

Der Engel: Rilkes Selbstdeutung sagt, daß im Fühlendsein des Engels die Auflösung des Gegenüber, die

94

Verwandlung ins Unsichtbare schon vollendet und geleistet sei. Wir sagen dafür: unbedingt zu dem stehen, was uns unser Herz sagt, ist unsere Aufgabe, die uns wie ein jenseitiges Wesen ständig übertrifft. Unsere Begrenztheit in der Erfüllung derselben ist unsere Schwäche. So ist die Gestalt des Engels das uns übertreffende Wesen – schrecklich durch die Gewalt seiner Unbedingtheit.

Aber nun tritt, im Fortgang des Elegienwerkes und im Wandel des Tons, heraus, daß der Engel nicht nur das uns übertreffende, sondern auch das uns bezeugende Wesen ist. Denn unsere Aufgabe ist nicht minder, das ins Unsichtbare Verwandelte zur Auferstehung im Sichtbaren – zur Gestalt – zu bringen. Der Dichter tut es im Zeigen und Preisen des Hiesigen, im Bewahren »der noch erkannten Gestalt« (7. E.).

Damit soll nicht das Privileg des Künstlers und der Kunst gegen die Menschen sonst ausgespielt werden. Der Seiler in Rom und der Töpfer am Nil haben den Dichter selbst fasziniert, weil da jeder Handgriff so sicher und selbstverständlich getan wird, weil die Weisheit früherer Geschlechter darin eingegangen ist, bewahrt und sich bewährend. Es ist – von jeher – der allgemeine Auftrag des Menschen, zu bewahren und zu verwandeln. Er gibt sich Dauer. Darin ist nichts von Berechnung und Rechnung auf Zukunft – es ist das Hiersein selbst, das sich so erfüllt.

Zwar sprechen die Elegien eindeutig von dem Schwinden der »Dinge«, das durch das Zeitalter der Hämmer unaufhaltsam heraufgeführt wird, und die Bewahrung des so Schwindenden stellt nicht zuletzt

des Künstlers Auftrag dar, der Sichtbares ins Unsichtbare, als die Aufnahme in menschliches Fühlen, hinausstellt, Stein und Farbe, Ton und Wort. Aber es wäre eine falsche Überresonanz, wenn man hier die Töne
der bekannten Kulturkritik herauszuhören meint –
die wahre Resonanz ist die Unveränderlichkeit der
menschlichen Natur und der Menschlichkeit inmitten
aller Veränderungen. Was sich in der rasch sich wandelnden Welt von heute so zuspitzt, ist im Wesen nicht
unterschieden von der Aufgabe, die die allgemeine
Hinfälligkeit aller irdischen Dinge von jeher dem
Menschen gestellt hat. Wir selbst sind »die Schwindendsten«.

Rilkes These ist nun, daß die menschliche Aufgabe
ist, zu dem Schwindenden ja zu sagen – und daß diese Aufgabe in der Zustimmung zum Tode ihre letzte
Erfüllung findet.

Rilke hat in zahllosen Briefen dieser Wahrheit Ausdruck gegeben, daß der Verlust, den der Tod eines geliebten Menschen für die Hinterbliebenen bedeutet,
kein eigentliches Verlieren ist. Es ist eine falsche Negativität, die damit dem Tod zu Unrecht zugeschrieben wird. Sie verkleinert die allumfassende Macht des
Hiesigseins, des Hierseins, der Gegenwart. Diese umfaßt den Tod mit. Aber in Wahrheit nicht nur auch
den Tod noch, diese *absence*, die den Andern, Dahingegangenen, für uns in eine neue Gegenwart – vor
der Ewigkeit – eingelassen hat. Vielmehr umfaßt dies
Sein des Toten seinerseits das Ganze des Hierseins,
denn auch dieses gewinnt teil an der neuen Ewigkeit
des Toten und seiner veränderten Gegenwart. Das

96

Hier ist selbst anders geworden. Nicht nur der Tote bewegt sich seltsam im Raum: der Überlebende findet sich seltsam im Raum. »Aber Lebendige machen alle den Fehler, daß sie zu stark unterscheiden.« (1. El.) In seinen Briefen hat Rilke manchmal einen geradezu beschwörenden Ton, wenn er den Tod als den eigentlichen großen Ja-Sager feiert. Er will damit sagen: Der Tod macht das Hiersein in seiner Unbedingtheit erst rund und vollkommen – so sehr, daß kein unerträgliches Hiersein denkbar bleibt. Es ist immer noch Hiersein und herrlich. Das schärfen uns die Elegien ein, uns, den »Schwindendsten«.

Es ist eine nicht abzuweisende Wahrheit, daß jeder Verlust, auch der schwerste, verschmerzt werden kann und daß dies eben ›leben‹ heißt. Nun liegt es im Sinne der ›Botschaft‹ der Elegien, daß gerade der schwer zu verschmerzende Verlust dem eigenen Leben mehr und mehr anzugehören beginnt – auch wenn und gerade dann, wenn das Verschmerzen – welch großartiges Wort – wirklich geleistet, das Leben und die Freude wieder aufgenommen wird. Das hat Rilke offenbar vor Augen, wenn er das jenseitige Schicksal der jungen Toten schildert, als wären sie hier. In diesem unsichtbaren Reich, das beide Bereiche umfaßt, sind sie da wie das Hiesige auch, und mit ihm. Ich habe das ehedem das Prinzip der mythopoietischen Umkehr genannt und damit nur unserer gewohnten Verständnisweise zu ihrem Recht verholfen, die die Basis dafür ist, daß wir Rilkes dichterische Aussagen ›verstehen‹. Auf ihr steht ein jeder, auch wenn er sich dessen nicht bewußt ist.

97

Insbesondere die zehnte Elegie kann das illustrieren. In ihr ist die mythopoietische Kraft Rilkes von eindeutiger Dichte. Es wird von der Klage, insbesondere der Totenklage (in der nichts von Anklage ist), auf eine Weise berichtet, als wären die Klagen Wesen unserer Welt, einst wohlbestallt, heute an den Rand gedrängt und in ihrem Recht verkannt. Sie gehören zum Leben. Es gehört sich, zu klagen. Und nun wird von dem jungen Toten, dem die Klage über den Tod hinaus folgt, so gesprochen, als sei er es, der der Klage folgt. Diese Umkehrung brauchen wir uns nicht im Sinne der Transformation einer Gleichung bewußt zu machen, aber sie trägt unser Verständnis. Das können wir gar nicht verleugnen. Am Ende will diese zehnte Elegie den eigentlichen Punkt setzen, den der endgültigen und bedingungslosen Zustimmung. Das ist das Leben, daß es auch noch den Tod verwindet. Mehr noch, daß es gerade aus der Anerkennung der vollen Trostlosigkeit und Grausamkeit des Todes ihn annehmen lernt als das, was er ist: nicht als eine unzumutbar beschränkte Dauer und verbunden mit der vorwurfsvollen Gewißheit, bald vergessen zu sein. Zwar ist es wirklich nur eine kleine Weile, was wir Leben nennen, und wirklich verstummen die Klagen am Ende, und der Quell der Freude schimmert in der Ferne. Aber das ist nicht eine bittere Erkenntnis, daß jeder vergessen wird, sondern eine Botschaft. Wir sollen mit der Dichtung und an ihr die schier herzlose Gewalt des Lebenswillens erkennen müssen, der jeden Schmerz überwindet und jeden Toten am Ende »unendlich tot« sein läßt – und wir sollen all das bejahen.

98

Das Gleichnis der leeren Hasel, die blüht, ohne die Zukunft der Frucht zu meinen, und des fruchtbaren Regens, der seine eigene Fruchtbarkeit nicht meint, will nicht nur sagen, daß wir die anderen, die unendlich Toten, die wir verloren haben, in ihrem Geschick des Zurückgesunkenseins ins Vergessen erkennen. Das Gleichnis wird uns selber erweckt, wie es ausdrücklich heißt, und das will sagen, daß wir selber darin unser eigenes Geschick begreifen. Auch wir werden – wie jene – einst »unendlich Tote« sein, namenlos und vergessen, und sollen das mit Zustimmung annehmen. Das zu wissen und zu wollen – uns in unserer Flüchtigkeit zurücknehmen zu lernen –, das lehren uns die Toten: »könnten wir sein ohne sie?« So fragt die erste Elegie. In der letzten begreifen wir vollends, warum der Tod der »heilige Einfall« der Natur heißen kann: Er mahnt uns, des Hierseins ganz und bedingungslos innezusein.

So etwa läßt sich in Worte fassen, was die Doppelbotschaft vom wirklichen Liebenkönnen und vom Sterbenmüssen uns ausrichtet. Nichts, was wir nicht wüßten, nichts, worin wir uns nicht wiedererkennen müßten – ein Wort der bloßen Aufrichtigkeit, nichts als das. Es ist das schwerste. Kein Wunder, daß viele es nicht hören wollen, hoffend halb, daß sie durch Tat und Wagnis auch das Unveränderliche und Unabänderliche meistern oder vergessen könnten, und halb skeptischer Ernüchterung hingegeben, die sich auf nichts wirklich einlassen mag, auch nicht auf das, was sie weiß. Dichtung hat Zeit. Rilkes Dichtung hatte ihre Zeit, in der kein ästhetisches Raffinement, kein hoch-

99

gezüchteter Manierismus, keine Emphase und keine hermetische Esoterik hindern konnte, daß sie von einer wachsenden Leserschaft des In- und Auslandes wie auf Händen getragen wurde. Diese Zeit der unmittelbaren Hingabe ist vorüber. Aber Dichtung hat Zeit, und Dichtung, die ein halbes Jahrhundert solchen Widerhall zu wecken wußte, bleibt ein Angebot. Was einst wie hermetisch verschlossen und magisch bewirkend schien, mag heute fast überdeutlich geworden sein. Wir sind alle in diese Art von Sonnenferne getreten. Aber es ist eine Sonne. Wo Sprache zu Gebilde und Gefüge wurde, das in sich derart Bestand und Dauer gewann wie Rilkes Elegienwerk und was sich um es ordnet, ist ihr immer wieder, in allem Wechsel von Erblassen und Erglühen, neue Auferstehung gesichert, die ein betroffener Leser ihr bereitet.

Niemand kann voraussehen, welche Rolle Dichtung überhaupt in der Gesellschaft der Zukunft spielen wird, niemand, was die Religion, das Christentum wie auch andere, in Sitte, Recht und Gesetz eingekörperte Weltreligionen, im Zeitalter des Massen-Atheismus und der Religion der Weltwirtschaft spielen werden. Aber die Botschaft der Aufrichtigkeit, in der das dichterische Werk Rainer Maria Rilkes seinen durchgehaltenen Klang und bleibenden Ausklang fand, bleibt wahr – wie die großen anderen Botschaften der Weltliteratur, von Homers lachenden Göttern und weinenden Rossen an. Wir sind zu Flüchtige, um mehr wissen und sagen zu können. Aber zu dem, was Rilkes Dichtung aus den Jahrtausenden unseres Fühlens beschwor, »Säulen, Pylone, der Sphinx, das strebende

Stemmen, grau aus vergehender Stadt oder aus fremder, des Doms«, wird auch dies Werk selber zählen, und auch von ihm wird gelten: »So haben wir dennoch nicht die Räume versäumt, diese gewährenden, diese *unseren* Räume.«

Verstummen die Dichter?

In unserer zunehmend von anonymen Apparaturen beherrschten Gesellschaft, in der das Wort nicht mehr unmittelbare Kommunikation stiftet, erhebt sich die Frage, welche Macht und welche Möglichkeiten noch die Kunst des Wortes, die Dichtung, haben kann. Denn von den vergehenden Formen des Sprechens, die sonst das kommunikative Geschehen tragen, unterscheidet sich das dichterische Wort grundsätzlich. Das Besondere all dieser Formen des Sprechens ist die Selbstvergessenheit im Worte selber. Immer verschwindet das Wort als solches gegenüber dem, was das Wort heraufruft. Der Dichter Paul Valéry, der es wissen mußte, hat für den Unterschied der Worte, die wir in der Kommunikation sprechen, und des dichterischen Wortes eine glänzende Metapher formuliert. Das Wort, das wir so sprechen, ist wie die Scheidemünze, das heißt, es bedeutet etwas, das es nicht ist. Das Goldstück von ehedem dagegen war zugleich das wert, was es bedeutete, da das frühere Goldstück in seinem Metallwert seinem Münzwert entsprach. So war es selbst zugleich das, was es bedeutete. Genau das ist offenbar die Auszeichnung des dichterischen Wortes, daß es nicht auf etwas in der Weise hinweist, daß man von ihm weggewiesen wird, um woanders hinzugelangen, wie von der Scheidemünze oder dem Geldschein, der seine Deckung braucht. Vielmehr wird man hier, indem man von ihm weggewiesen wird, zugleich auch auf es selbst zurückgewiesen; es ist das Wort selbst, in dem das, wovon es redet, sich verbürgt. Das ist die Erfahrung, die wir alle am dichterischen Wort machen. Je vertrauter einem eine dichterische Fügung wird, desto bedeutungsreicher, desto präsenter wird das Wort. In der Form, in der das dichterische Wort sich selbst präsentiert, indem es etwas präsentiert, liegt seine eigentümliche Auszeichnung.

Ich möchte an unsere Zeit und an die Literatur unserer Zeit die Frage stellen: Gibt es noch eine Aufgabe des Dichters in unserer Zivilisation? Gibt es noch eine Stunde der Kunst in einer Zeit, in der die gesellschaftliche Unruhe, das Unbehagen an der anonymen Massenhaftigkeit unseres gesellschaftlichen Lebens, von allen Seiten empfunden wird und die Forderung des Wiederfindens oder des Neubegründens echter Solidaritäten immer wieder erheben läßt? Ist es nicht ein Ausweichen, wenn man Kunst oder Dichtung noch weiterhin für ein integrales Moment des Menschseins hält? Muß nicht alle littérature jetzt littérature engagée sein? Und wie alle littérature engagée schnell veralten? Gibt es noch das bestandhafte Gefüge von Wortkunst, wenn immer wechselnde Inhalte in ihrer Unbeständigkeit den wahren Legitimationskern von littérature überhaupt bilden sollen? Wo das Bewußtsein von nichts als *science* erfüllt ist, d. h. von der Idolatrie des wissenschaftlichen Fortschritts, gibt es da noch solche Fügung von Worten, daß jeder sich in ihnen zu Hause findet?

Ohne Zweifel wird das Wort des Dichters in solcher Stunde anders sein müssen. Es wird mit der Reportage, mit der Beiläufigkeit, mit der Unterkühltheit des technischen Sprechens eine Verwandtschaft haben müssen. Aber ist das dichterische Wort deshalb wirklich Reportage? Oder läßt sich zeigen, daß auch heute noch aus Worten ein bestandhaftes Gefüge aufgebaut werden kann, das nicht von gestern, sondern von heute und von jeher ist? Das also noch immer »gemeinsamen Geist« enden läßt im Gedicht? Vielleicht ist die beste allgemeine Charakteristik dessen, was heute Lyrik auszeichnet, ein Wort, das Rilke einmal geschrieben hat. Er sagt in einem Brief (an Ilse Jahr vom 22. 2. 1923) über sein Verhältnis zu Gott: »Es ist eine unbeschreibliche Diskretion zwischen uns.« In der Tat kommt in seinen späteren Dichtungen, etwa in den Duineser Elegien, Gott überhaupt nicht mehr vor. Da ist allein vom Engel die Rede, der vielleicht mehr ein Sendbote der Menschen als Gottes ist. Rilkes Wort von der unbeschreiblichen Diskretion beschreibt, wie mir scheint, aufs genaueste den Ton des heutigen lyrischen Gedichts, für den es das Ohr zu schärfen gilt. Zwei Gedichte, die hier interpretiert werden sollen, mögen diese Diskretion und ihre Forderung an uns verdeutlichen. Das eine ist ein Gedicht von Paul Celan:

> In den Flüssen nördlich der Zukunft
> werf ich das Netz aus, das Du
> zögernd beschwerst
> mit von Steinen geschriebenen
> Schatten.

Man kann bei moderner Lyrik sehr oft zweifeln, ob die Zeilengliederung noch eine echte Legitimation hat. Wenn man etwa langzeilige, freie rhythmische Gebilde wie die Duineser Elegien liest, ist das keineswegs überzeugend. Man denke daran, daß in der ersten Ausgabe die Zeile rein graphisch länger war und der Zeilenbruch daher seltener. Durch den Zeilenbruch, den die späteren Ausgaben hatten, läßt man sich unwillkürlich in der Rhythmisierung des Textes bestimmen, und doch sicher zu Unrecht. Bei Celan dagegen handelt es sich um sehr kurze Zeilen, die echte dichterische Zeilenbrüche sind. Das gilt insbesondere für den Schlußvers, der manchmal nur ein einziges Wort ist. Und man könnte zeigen, welche besondere Bedeutung er trotzdem hat. Hier ist es das eine Wort »Schatten«. Ganz unabhängig von dem Satzzusammenhang dieses Gedichtes wird, was Schatten heißt, unmittelbar im Worte selbst gegenwärtig. Dieses schwer fallende Wort, das dennoch das, was den Schatten wirft, immer mit präsent macht.

Doch stellen wir jetzt die allgemeine Frage: Wovon ist hier die Rede und wer redet hier? Welches Ich wirft hier das Netz aus? Das Ich des Dichters? Indessen es wäre nicht – in einem der lyrischen Gattung angehörigen Gebilde – das Ich eines Dichters, wenn es nicht eines jeden Ich würde. Und dies Ich ist ein Fischer. Er wirft das Netz aus. Das Auswerfen eines Netzes ist eine Handlung der höchsten Erwartung. Es wird nicht gesagt, wann diese Handlung vom Ich vollzogen wird, und ich meine, es kann auch nicht gesagt werden. Denn wann wird diese Handlung von einem Ich nicht vollzogen? Welches Ich ist nicht immer ein Ich der Erwartung? Fischen ist reine Erwartung. Wenn der Fischer das Netz ausgestellt hat, kann er nichts weiter tun als warten. Aber so, wie hier dies Warten und Erwarten evoziert wird, wartet das Ich offenbar nicht auf etwas Bestimmtes, mit dessen Eintreten man rechnen kann, wie das der erfahrene Fischer tut, der an den richtigen Stellen der Gewässer das Netz auswirft. Das wird in diesen Zeilen des Gedichtes ganz deutlich. In den Flüssen nördlich der Zukunft wirft der Fischer, der Ich ist, sein Netz aus, das heißt: dort, wo keiner sonst fischt. Das Bild evoziert Klarheit und Kälte eisnahen Gewässers und die Sonne, die das Wasser durchscheint bis auf den Grund: es ist von Schatten die Rede, von Steinen geworfen. Aber wie der Netzwurf selber an imaginärem Orte und in einer gnomischen Gegenwart, also immer, geschieht, so ist offenbar auch die Beschwerung des Netzes etwas, was immer geschieht. Die Beschwerung des Netzes, die es »stehen« läßt und dadurch Fang verheißt, ist selbst auch ein imaginäres Tun. Es sind Schatten und nicht die Steine selbst, die dieses Netz beschweren. Um dies Imaginäre vollends deutlich zu machen, werden die Schatten, die das Netz beschweren sollen, von Steinen nicht geworfen, sondern geschrieben. Von Steinen geschriebene Schatten: das lenkt die Anschauung und Imagination sogleich in eine bestimmte Richtung. Geschriebene Schatten haben wie alles Geschriebene einen lesbaren Sinn. Und wenn es ein von Steinen geschriebener Schattentext ist, dann ist offenbar der Sinn, der in diesem imaginären Raum des Wortes geprägt wird, ein belastender, durch sein Gewicht belastender Sinn, und doch der Sinn, der Fang möglich macht. Denn man muß das Bild ganz sinnlich sehen, das hier der Dichter evoziert. »Zögernd beschwerst« – was heißt hier »zögernd«? Es ist nicht ein inneres Zögern der Unentschiedenheit oder des Zweifels, weil Du – wir werden gleich davon sprechen, wer Du ist – die Zuversicht des fischenden Ich etwa nicht teilst. Es wäre völlig mißverstanden, wenn man diesen Sinn in das Zögern legen würde. Hier wird ein reales Tun sehr genau beschrieben. Wer das Netz beschwert, das den Fang bringen soll, darf nicht zuviel tun und nicht zuwenig; nicht zuviel, damit das Netz nicht absinkt, und nicht zuwenig, damit es nicht oben treibt. Das Netz muß – wie der Fischer sagt – »stehen«. Das ist das Zögern des Beschwerens: man muß sozusagen in den Fingerspitzen wägen, ob zur Erzielung des notwendigen labilen Gleichgewichts noch etwas hinzu muß oder nicht. Hier wird ganz genau der Vorgang des Netzfischens beschrieben. In der Tat müssen es immer zwei sein. Das kann nicht einer allein. Wenn man so vorsichtig Stein auf Stein hinzutut, um das Netz zu beschweren, wie man auf einer Waagschale das Gewicht von etwas wägt, indem man vorsichtig ein Gewicht nach dem anderen hinzutut, um den Augenblick des Gleichgewichts richtig zu treffen, dann hilft man, daß der Fang überhaupt gelingen kann.

Was also heißt es, daß das Ich, also der Mensch,

das Netz auswirft? Nun ist es klar: Kein Mensch kann anders als immer hoffend in die Zukunft blicken. Nördlich der Zukunft – immer noch weiter hinaus als jede begründete Erwartung, die das nächste Kommende anvisiert – so leben wir Menschen. Das ist das Prinzip Hoffnung. Aber, wer fangen will, wem es gelingen, wem es zufallen soll, worauf er hofft, für den ist Beschwerung unentbehrlich. Was hier beschwert wird, ist das aufgespannte Netz der Erwartung. Wodurch wird Erwartung beschwert? Offenbar durch den Schattenwurf der Erfahrungen und der Enttäuschungen, die man mit sich trägt. Kein menschliches Hoffen ist zukunftsvolles Hoffen, das nicht sein eigenes Hoffen mit diesen Schatten beschwert. Und es scheint fast, als wisse da einer, wie unendlich viel man einem hoffenden Herzen zumuten kann, ohne daß es die Hoffnung sinken läßt.

Solche Übertragung eines ganz sinnlichen Bildes in seinen spirituellen Sinn läßt alles etwas überdeutlich werden. Deutende Worte sollen aber verschwinden, wenn sie heraufgerufen haben, was sie meinen. Wenn man das Gedicht wieder liest, dann soll man sich nicht daran erinnern, was darüber gesagt wurde, sondern man soll den Eindruck haben: Da steht es. Es ist in den Worten des Gedichts da und nicht in dem, was einer darüber gesagt hat. Darin vollendet sich Auslegung, daß man als Ausleger verschwindet und das, was man auslegt, allein da ist – ein Ideal, das selbstverständlich immer nur in der Annäherung erreichbar ist.

Betrachten wir nun das in seinem Schwebesinn

109

deutlicher Evozierte genauer. Zwei Handelnde sind hier offenbar in ihrem Zusammenspiel gezeigt, in zwei Handlungen, dem Auswerfen des Netzes und dem Beschweren des Netzes. Es ist eine geheime Spannung zwischen den beiden Handlungen, und doch bilden sie ein einheitliches Tun, das Tun, das allein Fang verheißt. Zwischen der Freiheit und Leichtigkeit des Werfens und Entwerfens und dem Zug nach unten, zur Grenze, zum Bedingten hin, spannt sich der Gegensatz, der zum Gelingen gehört. Da wird nicht eine »reine« Erwartung durch die Einsicht in Grenzen getrübt, sondern sie wird dadurch allein wirklich, wird so überhaupt erst zukunftsvoll, d. h. verwandelt das unwirklich Utopische dieses Entwurfs, der ins Unvorhersehbare reicht, in ein genaues und gekonntes Tun.

Was ist es aber, was da »Fang« ist? Man kann das so Beschriebene mit einem heute sehr beliebten Ausdruck ein Wortgeschehen nennen. Denn dieses Gedicht läßt sich zunächst darauf beziehen, daß das, was da glücklich gefangen wird, das Gedicht selbst ist. Der Dichter spricht davon, wie er, wie jeder Dichter, in den unbetretenen und noch nicht getrübten Gewässern der Sprache sein Netz auswirft – sie sind wie Flüsse, die von unbekannten Bergen her allerlei mit sich führen –, und er wartet, daß ihm dabei ein Fang gelingt. Man denke an Stefan Georges tiefsinnige Wortgedichte, in denen er etwa davon spricht, daß er sich nach jeder Fahrt über den Brunnen beugt, um aus seinem Grunde das Kleinod heraufzuholen. Und es ist seine schmerzliche Erfahrung, daß mitunter die Antwort ausbleibt. Es ist für den Dichter stets eine bange

Frage, ob aus dem tiefen Brunnen der in der Sprache abgelagerten menschlichen Erfahrung das strahlende Wort, das alles erleuchtet, wirklich emporsteigt und Bestand hat, das heißt: ein Gedicht wird, das wir wiederholen, bis es uns ganz im Ohr ist, und aus dessen Rhythmen wir ein halbes Leben lang zu leben vermögen. In einer ersten Annäherung kann man in der Tat diese Verse vom Dichter her verstehen und als die Erwartung des Wortes, das ihm gelingt.

Aber wieder geht, was hier vom Dichter gesagt wird, der seinen Fang einbringt, weit über das Besondere der Dichtererfahrung hinaus. Der Dichter ist das Urbild des Menschseins. Das ist eine der großen Grundmetaphern der gesamten Neuzeit. So meint das Wort, das der Dichter fängt und dem er Bestand verleiht, nicht jenes artistische Gelingen allein, aufgrund dessen einer ein Dichter wird oder ist, sondern vertritt einen Inbegriff menschlicher Erfahrungsmöglichkeiten überhaupt. Es erlaubt dem Leser, das Ich zu sein, das der Dichter ist, weil der Dichter das Ich ist, das wir alle sind. Wer also ist hier Ich und wer ist Du? Welches Du ist mit dem Ich in solcher geheimen Einigkeit des Gelingens? Es ist nicht das Ich des Dichters allein, und das Du ist nicht irgendein beschwerendes Wesen, Mensch oder Gott, das da Wortschatten auflädt, die die Freiheit beengen. In diesem Gedicht kommt zur Aussage, wer Ich ist und Du ist, hier und immer: »dieser Einzelne« Kierkegaards, der ein jeder von uns ist. Wer also ist Du? Zunächst gibt es da eine ganz einfache und eindeutige Antwort, die uns die Grammatik bietet: Es ist der Angeredete. Das Du ist der,

III

der mit dem sprechenden Ich mit da ist. Wer das ist, das sagt uns das Gedicht nicht – und eben deswegen steht die Antwort nicht in unserem deutenden Belieben. Ob ich mir selbst Du bin oder es ein anderer naher Mensch oder der Allernächste oder Allerfernste, Gott, ist, das ist nicht von vornherein auszumachen. Es ist genau wie mit dem christlichen Liebesgebot, wo es auch nicht um eine Alternative geht, den Nächsten oder Gott zu lieben. Wenn ich mich hier einen Augenblick auf dem Gebiete theologischer Exegese bewegen darf, für das ich keine Kompetenz habe: Auch im christlichen Liebesgebot ist die Unterscheidung des Nächsten von Gott, ist die Frage, wer denn unser Nächster ist, schon ein Überhören dessen, was das Gebot sagt. Man muß sehen, dort wie hier, daß dieses Du das Du des Ich ist und daß man überhaupt erst begreift, wovon die Rede ist, wenn man sich als den begreift, der immer schon, jetzt und hier, wissen sollte, wer Du ist: Jeder. So ist das Gedicht das Ausgesagtwerden unser aller. Wenn wir Verse in uns sozusagen präsent haben, rücken wir alle, ein jeder von uns, in einen Bezug ein, den auszufüllen jeder das Seine zu tun hat.

Man wird bemerken, wie hier das Du an betonter Stelle steht, und zwar am Schluß eines Verses, wie eine Frage. Es ist genau die Frage nach dem Du, wer es ist. Nur der, der das Gedicht als seine eigene Aussage vollzieht, hat eine Antwort darauf. Nur ein Ich hat ein Du. Das Ganze ist ein Beispiel, das zeigen soll, was Diskretion ist und daß es in der Diskretion gleichwohl das Engagement des einzelnen gibt. Ge-

112

rade weil hier niemandem etwas in pathetischen Sprachgebilden vordeklamiert wird, sondern man sich wie von einer simplen Aussage plötzlich überfallen sieht, denkt man zuerst, das sei ein ganz trivialer Satz, aber dann wägt man die gebauten Worte in ihrem Bezug zueinander, und je mehr von diesem Bezug sich realisiert, desto mehr ist man selber einbezogen, und schließlich weiß man, wer Du ist, weil man dessen inne wurde, daß Ich ich selber bin. Nicht, daß die Dichter verstummen, sondern ob unser Ohr noch fein genug ist zu hören, ist die Frage.

Um die Beliebigkeit einer solchen Gedichtwahl zu verringern und auf die gestellte Frage eine weniger zufällige Antwort zu finden, nehme ich ein zweites Beispiel. Ich wähle ein Gedicht von Johannes Bobrowski. Es heißt »Das Wort Mensch«:

Das Wort Mensch, als Vokabel
eingeordnet, wohin sie gehört,
im Duden:
zwischen Mensa und Menschengedenken.
Die Stadt
alt und neu,
schön belebt, mit Bäumen
auch
und Fahrzeugen, hier

hör ich das Wort, die Vokabel
hör ich hier häufig, ich kann

aufzählen von wem, ich kann
anfangen damit.

Wo Liebe nicht ist,
sprich das Wort nicht aus.

Auch dieses Gedicht empfindet man als beinahe hermetisch. Was sagt es eigentlich? Was für eine Einheit einer Aussage steckt denn darin? Und genau das ist es ja, was so viele vom Verstummen der Dichter reden läßt, daß sie, wenn ich so sagen darf, auf das Diskrete nicht mehr zu hören vermögen.

Beginnen wir mit der Auslegung dort, wo jede Auslegung beginnen muß, nämlich dort, wo es uns zuerst hell wird, und das ist hier ohne Zweifel die Schlußstrophe. Sie sagt etwas ganz Deutliches: Wo Liebe nicht ist, sprich das Wort nicht aus. Das bedeutet – und muß vorher gegenwärtig geworden sein –, daß überall dort, wo der Sprechende das Wort »Mensch« gehört hat, keine Liebe war. So wird alles klar. Die erste Strophe ist voll bitterem Sarkasmus und von fast ätzender Schärfe. Es mag stimmen, daß die Vokabel »Mensch« zwischen Mensa und Menschengedenken steht und daß der Dichter das beim Gebrauch des Lexikons einmal zufällig bemerkt hat, daß das Nachbarwort nach vorne Mensa war und nach hinten Menschengedenken. Aber wenn er das im Gedicht sagt, ist es gezielt. Da ist zunächst Mensa, dieses für junge Leute sehr vertraute Wort, das eine Sache meint, an der man die Anonymität des Lebens und die Beziehungslosigkeit nach dem Verlassen der Familie wohl am stärksten empfindet. Die Mensa hält

114

irgendwie in ständiger Erinnerung, was Familie ist, sozusagen in der Form der Privation. Und nach der anderen Seite folgt Menschengedenken, ein Wort, das wir nur in einer einzigen Wendung noch gebrauchen: »seit Menschengedenken«. Was diese Wendung evoziert, ist wie etwas schon gar nicht mehr Wahres – seit Menschengedenken ist das so. Man hat keine Rechenschaftsmöglichkeit darüber. Wenn man sagt, das ist seit Menschengedenken so, wird das als etwas völlig selbstverständlich Gewordenes behandelt. Auf der einen Seite haben wir also das Anonyme, auf der anderen Seite das selbstverständlich Gewordene, und zwischen diesen beiden Extremen ist die Vokabel Mensch wie eingeklemmt.

Die zweite Strophe spricht von der Stadt: »Alt und neu«. Wer hinhört, weiß sofort: das ist nach dem Kriege geschrieben, der unsere Städte in Trümmer gelegt hat. »Alt und neu« meint offensichtlich diese Spannung, die das Gesicht unserer Städte durchzieht. »Alt und neu« ist vielleicht noch allgemeiner gemeint und ruft nicht nur das Wiederbelebte nach seiner Verödung und Vertrümmerung herauf. Denn der dritte Vers »schön belebt, mit Bäumen« leitet über zu dem wunderbar einsilbigen »auch«, das einen ganzen Vers füllt und dadurch ein seltsames Gewicht erhält. Was wie ein zusätzlicher Reichtum klingt: »auch Bäume«, beschwört den ganzen Jammer des Städtertums herauf. Bäume sind freilich auch da, aber was die Stadt ausmacht, ist ihr Verkehr, die Fahrzeuge. So wird dies »auch« zum rührenden Ausdruck für die weggehastete Natur, die wir in den Straßen unserer Städte erleben.

Dies »auch« ist ein nachdrückliches Beispiel echter dichterischer Diskretion.

Und dann, in der Wortfolge »hier / hör ich das Wort«, erhält auch das »hier« einen besonderen Akzent. Es steht nicht nur am Ende eines Verses, sondern einer ganzen Strophe und stellt daher ein sogenanntes Enjambement dar, d. h. die Rede geht weiter, aber der Strophenschluß wird nicht etwa durch das Enjambement verschliffen und die Verse ihrerseits unhörbar, wie der Laie zu meinen pflegt. Solcher falsche Schein entsteht lediglich durch die Sucht, die Verse als Verse zu verleugnen. Das freilich klingt wie die trivialste Prosa, wenn man liest »hier hör ich das Wort«, d. h. hier in der Stadt. Aber das »hier« muß man ganz für sich allein hören! Das Enjambement macht den Vers und Strophenbruch gerade erst recht sichtbar. Indem der Satz weitergeht und metrisch dort doch der Bruch ist, erhält das »hier« gleichsam ein rhythmisches Ausrufungszeichen. »Hier« heißt dann: ausgerechnet dort, wo es von vornherein schon unglaubhaft ist, daß man noch als Mensch zu Mensch miteinander reden und miteinander umgehen kann. Oft hört man das Wort – um das Unwirkliche solchen Redens vom Menschen unverkennbar zu machen, fährt der Text wie in einer Berichtigung fort: »die Vokabel hör ich hier häufig.« Der Wechsel des Ausdrucks von Wort zu Vokabel deutet an, daß es sich bei solchem Wortgebrauch nicht um die Sache handelt, sondern um ein bloßes Wort, das aus dem wirklichen Gebrauch gerissen ist und kein Leben mehr hat. So häufig es auch erklingt, es ist eine leere Vokabel.

Nun kommt die Stelle des ganzen Gedichtes, die mir am schwierigsten ist: »Ich kann aufzählen von wem / ich kann anfangen damit.« Das erste ist ganz einfach; man hört's überall, und so kann ich aufzählen von wem; hier, hier, hier, jeder sagt es immerfort, ich höre es immerfort. Aber was heißt die Fortsetzung: »ich kann anfangen damit«? Das ist seltsam. Wenn ich aufzählen kann von wem, dann kann ich natürlich anfangen damit. Was will der Vers denn sagen? »Ich kann anfangen damit« scheint eine ähnliche Einschränkung zu bedeuten, wie oben das »auch«. Alle führen die Vokabel im Munde. Es ist sinnlos, alle herzuzählen. Ich bliebe stecken – das liegt in dem einschränkenden »Ich kann anfangen damit«. Aber nicht deshalb allein bliebe ich stecken, weil es zu viele sind, sondern weil mir alsbald bewußt würde, daß es keinen Sinn hat, zu zählen, wie viele das tote Wort im Munde führen, ohne daß es lebendig würde.

Daß das richtig interpretiert ist und daß an diesem Glied sozusagen die Drehung des Ganzen geschieht, zeigt die Schlußstrophe. Denn nun heißt es ausdrücklich wie im Scheitern der zählenden Suche und wie ein Verweis: »wo Liebe nicht ist, sprich das Wort nicht aus«. Das besiegelt gleichsam den Sinn des Ganzen: Das Wort »Mensch« soll keine bloße Vokabel sein. Es ist kein Ausrufungszeichen nach diesem Gedicht. Die Interpunktion der Schule wird es vermissen, denn es ist doch ein Imperativ! Aber genau das ist die Diskretion, mit der die heutigen Dichter sprechen.

Die beiden Beispiele möchten deutlich gemacht

117

haben, warum ich glaube, daß es ein falscher Schein ist, daß die Dichter verstummen. Sie sind notwendig leise geworden. Wie diskrete Mitteilungen leise gesagt werden, damit kein Unberufener sie hört, so ist auch das Sprechen des Dichters geworden. Er teilt dem etwas mit, der dafür das Ohr hat und sich ihm zuneigt. Er flüstert ihm gleichsam etwas ins Ohr, und der Leser, der ganz Ohr ist, nickt schließlich. Er hat verstanden. So glaube ich, daß man den Hölderlinschen Satz »des gemeinsamen Geistes Gedanken sind still endend in der Seele des Dichters« an der Dichtung unserer Zeit genauso verifizieren kann wie eh und je. Wer sich von ihrem Wort erreichen läßt, leistet damit eine Verifikation, und man begreift wohl, daß in einem Zeitalter der elektrisch verstärkten Stimme nur das leiseste Wort noch die Gemeinsamkeit, die Ich und Du im Wort finden, und damit das Menschsein beschwört. Wessen es für das leise Wort bedarf, für den Sprechenden wie für den Hörenden, wissen wir. Es ist wie mit den langsamen Sätzen in einer Symphonie – an ihnen zeigt sich erst die wahre Meisterschaft des Komponisten und des Dirigenten. Und wer will ermessen, welche Erfahrungen der Könnerschaft aus dem technischen Zivilisationsleben in diese Wortbauten hineinreichen und in ihnen eingefangen sind, so daß wir die mächtige Fremdheit der modernen Welt plötzlich wie etwas Vertrautes in diesem unserem Hause antreffen und begrüßen.

Sinn und Sinnverhüllung
bei Paul Celan

Sinn und Sinnverhüllung im dichterischen Werk von Paul Celan – mit diesem Thema machen wir nicht eigentlich einen besonderen Gesichtspunkt geltend, der die Interpretation Celanscher Kunst leiten soll, sondern fassen nur in Worte, was jeder erfährt, wenn er sich mit der Dichtung Celans bekannt macht. Man fühlt die Attraktion eines genauen Sinnes und hat zugleich das Bewußtsein, daß dieser Sinn sich zurückhält, wenn nicht gar kunstvoll verhüllt ist. Wir werden uns fragen müssen, was hinter dieser ja schließlich nicht von Celan allein, sondern von einer ganzen Generation repräsentierten Dichtart steht und wie wir das unsererseits zu bewältigen haben. Fürs erste aber ist die Aufgabe, nicht so sehr theoretische Überlegungen anzustellen, sondern es mit dem Lesen zu versuchen.

Vielleicht genügt eine allgemeine Vorbemerkung. Offenbar ist es das Bestreben heutiger Lyrik, die Gravitationskraft der Worte sich voll auswirken zu lassen, ohne sie durch syntaktische und logische Mittel einzuengen. Dieses blockhafte Sprechen, in dem Einzelworte, die Vorstellungen wecken, nebeneinander stehen, bedeutet nicht, daß sie nicht in die Einheit einer Sinnintention zu verschmelzen sind, aber das zu vermögen, ist eine Forderung, die dem Leser einzulösen überlassen bleibt. Es ist durchaus nicht so, daß der Dichter willkürlich die Sinneinheit verdunkelt und verhüllt. Der Dichter will gerade auf diese Weise etwas offenbar machen. Er gibt durch die blockhafte Fügung die Vieldimensionalität von Sinnbezügen frei, die in der logisch beherrschten eindimensionalen Alltagsrede durch die praktische Einheit der Rede-Intention niedergehalten werden. Es ist ein Irrtum, zu meinen, hier sei deshalb nichts zu verstehen, weil es keine Eindeutigkeit der Sinnbezüge gibt. Und es ist ein Irrtum, zu meinen, es fehle die Einheit der Rede-Intention. Sie erst macht das Gedicht.

Das Gedicht lautet:

TENEBRAE

Nah sind wir, Herr,
nahe und greifbar.

Gegriffen schon, Herr,
ineinander verkrallt, als wär
der Leib eines jeden von uns
dein Leib, Herr.

Bete, Herr,
bete zu uns,
wir sind nah.

Windschief gingen wir hin,
gingen wir hin, uns zu bücken
nach Mulde und Maar.

Zur Tränke gingen wir, Herr.

Es war Blut, es war,
was du vergossen, Herr.

Es glänzte.

Es warf uns dein Bild in die Augen, Herr,
Augen und Mund stehn so offen und leer, Herr.

Wir haben getrunken, Herr.
Das Blut und das Bild, das im Blut war, Herr.

Bete, Herr.
Wir sind nah.

Durch die Überschrift »Tenebrae« wird wie immer durch eine Überschrift, die eine so bestimmte Bedeutung hat, ein Vorverständnis geweckt. Man muß selbstverständlich wissen, daß Tenebrae nicht nur Verfinsterung heißt, sondern eine bestimmte Verfinsterung meint, die, dem Evangelium zufolge, eintrat, als Jesus am Kreuz seinen letzten Atemzug aushauchte. Im katholischen Kultus wird das als Passionsmette, als Karfreitagsmette, so gefeiert, daß das Ereignis der Verfinsterung des Himmels im Augenblick von Jesu Sterben kultisch wiederholt wird. Dieser Kult der Passionsmette enthält ferner die Lesung der Klagelieder Jeremiae. Das Wort Jesu am Kreuz: »Mein Gott, mein Gott, warum hast du mich verlassen« ist selbst ein Zitat aus dem Alten Testament. So fügt schon der christliche Kult die Gottverlassenheit, die das Schicksal des jüdischen Volkes in seiner babylonischen Gefangenschaft war, mit der Gottverlassenheit Jesu am Kreuz zusammen. Aber die Beschwörung dieser Himmelsfinsternis durch den heutigen Dichter, reicht sie nicht noch viel weiter? Ob man an das Leiden und Sterben der Juden in den Vernichtungslagern Hitlers denken soll? Oder am Ende an die Todesangst aller Menschen? An Gottes Zorn, wie er in der jüdischen Geschichte des Alten Testaments sein auserwähltes Volk straft? Oder an die Gottesferne, die über unserer Zeit des Erlahmens der christlichen Glaubenstraditionen heraufgezogen ist? Das alles klingt in dem einen Wort »Tenebrae« an und läßt uns lauschen.

Die Frage, die damit gestellt ist, ist nun, in welchem Sinne das Gedicht an diese »Tenebrae« anschließt. Jedenfalls heißt es »Tenebrae« nicht, ohne die ganze Tradition der Passionsgeschichte – von den alttestamentlichen Klageliedern über die Passionsgeschichte bis zu der Passion des Menschseins unter dem verdunkelten Himmel unserer Gegenwart – zu erwekken. Das ist eine Vororientierung, die durch das Gedicht selber ihre nähere Ausführung erfahren muß.

Das Gedicht ist eine Herausforderung. Wie soll man es verstehen: als ein blasphemisches Gedicht oder als ein christliches Gedicht? Ist es etwa nicht blasphemisch, wenn das Gedicht mit klaren Worten zu dem sterbenden Jesus sagt: Nicht zu Gott, der dich verlassen hat, solltest du beten, sondern zu uns. Diese Entgegensetzung läßt sofort einen unüberhörbaren Sinn erraten: Weil Gott den Tod nicht kennt, ist er in der Todesstunde nicht erreichbar. Wir dagegen kennen den Tod, wissen um ihn und seine Unausweichlichkeit und verstehen deshalb diesen letzten Seufzer der Verlassenheit zutiefst. Offenkundig wollten diese letzten Worte Jesu nicht Zweifel an seinem Gott ausdrücken, sondern die Übergewalt des Leidens und des Todes besiegeln. Darin liegt eine letzte Gemeinsamkeit zwischen dem Menschensohn und den Menschenkindern, daß sie den Tod erleiden.

Was aber heißt es, daß Jesus lieber zu uns beten soll? Ist das eine äußerste Verspottung und Verwerfung des Glaubens an Gott und des Betens zu Gott, mithin eine kühne, gottferne Umdeutung der ganzen Passionsgeschichte und der Verlassenheit Jesu am Kreuze? – Aber ist diese letzte Verlassenheit nicht ein Wesensmoment des christlichen Inkarnationsgedankens selber, so daß der Dichter hier gleichsam einen Schritt weit wiedererweckt, was die christliche Lehre mit dem Gedanken des stellvertretenden Leidens und Sterbens Jesu eigentlich meint? Ich will diese Frage nicht zu beantworten suchen. Sie läßt sich gar nicht beantworten. Denn es kommt nicht auf die Meinung des Dichters an, sondern auf das, was im Gedicht zur Sprache kommt. Der Dichter hat es offengelassen, was das ist. Wie in allen Sprachgebilden, die ein Dichter schafft, sind wir genötigt, das selber zu entscheiden. Wir können uns nicht auf ihn berufen.

Immerhin, Jesus wird aufgefordert, zu uns zu beten. Was heißt hier beten? Was heißt beten? Das Gedicht setzt unzweideutig mit der Herausforderung:

»Bete zu uns, Herr« ein. Damit ist auf Jesu letzte Worte am Kreuz angespielt: »Mein Gott, mein Gott, warum hast du mich verlassen?« Ist das überhaupt ein Gebet? Gewiß ist es ein Anruf an Gott. Und vielleicht muß man wirklich sagen, daß eben darin der einzig mögliche Inhalt eines Gebetes überhaupt besteht, solchen Anruf zu tun. Denn wir wissen nicht, was wir beten sollen (wie es im Römerbrief und in der bekannten Bach-Motette heißt). Tatsächlich kann Beten nicht heißen, etwas erbitten. Als ob wir von uns aus wüßten, was für uns das Rechte ist. Erhörung des Gebetes scheint vielmehr aller Erfüllung möglicher Wünsche vorauszugehen. Denn Erhörung des Gebetes ist das Gehört-Werden des Gebetes selber, das Dasein dessen, zu dem man im Gebet ruft. Daß er hört und daß man eben nicht verlassen ist, das ist die Erhörung. So verstanden ist der Inhalt der letzten Worte Jesu das Gebet schlechthin, der letzte Seufzer, der fleht, bei mir zu sein, mich nicht allein zu lassen.

Nun ist die Todesstunde, dies letzte Aufbäumen der Natur in uns, für einen jeden die Stunde seiner äußersten Verlassenheit. Die kühne Wendung, die das Gedicht nimmt, besteht gerade darin, daß es sich dabei gewiß nicht nur um die Verlassenheit von Gott handelt, sondern gerade auch von allen anderen Menschen. Was soll beten zu diesen Menschen heißen? Als ob Menschen da helfen könnten! Jedoch, wenn »beten« rufen heißt, daß der andere höre, entsteht ein tiefer Sinn: Da die Menschen den Tod kennen, unter dem Gesetz des Todes stehen, sind sie mit dem, der stirbt, auf einzigartige Weise solidarisch. Dessen soll der Sterbende sich im Beten zu uns vergewissern, dieser letzten Gemeinsamkeit.

Es ist diese Gemeinsamkeit, die am Eingang des Gedichtes hingestellt wird, im Beginn und am Schluß dieses Eingangs steht wie am Schluß des Ganzen: Wir sind nah. »Nah sind wir, Herr, nah und greifbar.« Mir scheint, daß ein leichter Ton auf dem »Wir« liegt. Nicht Du bist nah, sondern wir. Das ist alles andere als eine Hölderlin-Imitation. Der ähnliche Klang, mit dem die Patmos-Hymne angeht: »Nah ist, doch schwer zu fassen, der Gott«, weist in die genaue Gegenrichtung. Nicht der Gott ist ja hier für uns nah, sondern wir sind nahe für den Herrn. Der Übergang von »greifbar« in »gegriffen schon« eröffnet eine Klimax, die zu »ineinander verkrallt« führt. Sie hebt den Abstand zwischen dem Greifenden und Gegriffenen, die Geschiedenheit des Sterbenden von den noch Lebenden auf. Denn wovon sind wir selber gegriffen? Doch gewiß nicht von Dir, Herr, für den wir greifbar genannt sind. Das, wovon wir gegriffen sind, kann nur der »absolute Herr« sein, der Tod, dem die Menschen gehören. Er ist so sehr unser Herr, daß wir vor ihm alle gleich sind. Ineinander verkrallt, halten wir uns wie im Todeskampf um sich Greifende. Diese Verzweiflung ist offenbar so sehr die eigentliche Gemeinsamkeit, daß die Menschen, ineinander verkrallt, in jedem anderen Hilfe und Heil suchen: »als wär der Leib eines jeden von uns dein Leib, Herr«.

Es wird im Fortgang völlig klar, daß es der Leib des sterbenden und gestorbenen Jesus ist, der hier eindeutig als »dein Leib« gemeint ist. Es liegt aber in dieser Wendung noch etwas anderes. Es scheint mir wichtig, daß es »der Leib eines jeden von uns« heißt und nicht: unser Leib, der Leib von uns allen. Jeder von uns ist für jeden von uns der Nächste, den er doch nicht erreicht. Denn im Sterben ist jeder von uns so allein und verlassen wie der sterbende Jesus am Kreuz. Die Erfahrung des Todes vereinzelt, so wie Heidegger es in der Wendung von der Jemeinigkeit des Todes formuliert hat oder wie Rilke es in bekannten Gedichten sagt. Die Aussage ist offenbar die, daß das so furchtbar vereinzelnde Sterben nicht nur jeden mit jedem anderen, sondern gerade auch mit dem sterbenden Jesus in eine eigene Verbundenheit versetzt. Es ist das Verkralltsein in die Unausweichlichkeit des Todes selbst. Das ist jedenfalls die klare Folgerung, die im Gedicht ausgesprochen ist: »Bete, Herr, bete zu uns, wir sind nah.« Mit Dir in der Jemeinigkeit des Sterbens eins, stellt dieses Einssein auch noch in der höchsten Verlassenheit Nähe und Verbundenheit dar.

Nun wird diese Gemeinsamkeit zwischen Jesus und uns, daß wir des Todes sind, nicht einfach ausgesprochen, sondern als eine Geschichte erzählt, und wenn ich recht sehe, steht an deren Ende nicht nur die Einsicht in die Unausweichlichkeit des Todes, sondern ein Annehmen des Todes. Nichts freilich deutet dabei auf die christliche Überwindung des Todes durch die Auferstehung und den Glauben an sie. Davon ist kein Wort hier. Das Annehmen des Todes geschieht vielmehr im »Trinken Deines Blutes (und des Bildes, das

126

im Blut war)«. Das ist eine wieder ganz unchristliche »Kommunion«. Das klingt so, als wäre er uns »vor«-gestorben, und daß wir, wenn wir ihm nach-sterben, die gleiche Verlassenheit annehmen, die gleiche Gottesfinsternis. In diesem Sinne scheint er für uns gestorben.

Das Gedicht entfaltet den Sinn dieser angstvollen Nähe und paradoxen Verbundenheit, indem es offenbar in der Zeit zurückgeht – nicht in eine geschichtliche Zeit, sondern in eine sich ewig wiederholende Zeit, die die des jeweiligen menschlichen Daseins ist. Diese Geschichte berichtet, wie wir solcher Verbundenheit mit dem sterbenden Jesus inne wurden. Das Imperfekt zeigt bereits an, daß gleichsam unsere Vorgeschichte erzählt wird, die schon immer hinter uns liegt. »Windschief gingen wir hin.« Im Ausdruck »windschief« liegt Orientierungslosigkeit, Richtungslosigkeit. Die Ausweglosigkeit menschlichen Lebens, dessen Weg das Vermeiden des Sterbens sein möchte, ist darin in einem einzigen Wort zusammengeballt. »Windschief gingen wir hin, gingen wir hin, uns zu bücken nach Mulde und Maar«: die Wiederholung »gingen wir hin« macht die Dauer, die zähe Beharrlichkeit derer, die da gehen, das heißt die Zähigkeit unseres Lebenswillens deutlich. Mulde und Maar evoziert natürlich Feuchtigkeit, Wasser, das den Durst löschen könnte, der uns treibt, und evoziert damit den Durst selbst. Stillung des Lebensdurstes scheint so etwas wie die Strukturform des Lebens als solchen. So sind wohl die Worte »zur Tränke gingen wir, Herr« zu verstehen. Es ist das Tierisch-Naturhafte unseres

Lebenswillens, das uns wie die Tiere – und daher »zur Tränke« – treibt. Aber die Bedeutung dieser Worte bricht zugleich in einer paradoxen Weise um.

Denn was ist hier beschrieben? Am Ende doch der Weg, in dem Lebende vom Tode wegzuleben suchen. Aber das Paradox besteht darin, daß der einzige Trank, den wir finden, Blut ist, und das heißt, der Weg läßt das, wovon es uns wegtrieb, den Tod, gerade erst recht begegnen. Wieder wird ein Mittel emphatischen Sagens gebraucht: »Es war Blut, es war . . .« stellt zunächst das Erschrecken für sich: Statt Wasser ist es Blut – und doch wird das zur »Tränke«, wenn wir nur erst am Kreuzestod Jesu die Unausweichlichkeit des Todes zu erkennen und anzuerkennen gelernt haben.

Den ersten Schritt zu dieser Erkenntnis sagt der Vers »Es war, was Du vergossen, Herr. Es glänzte«. Ein Vers von einer gewaltigen sinnlichen Kraft. Er evoziert den eigentümlichen Glanz, den vergossenes Blut hat, in dem etwas Schauerliches ist. Es ist nichts vom Glanz der Verklärung darin. Bemerkenswert bleibt vielmehr, daß keinerlei Verheißung damit verbunden ist und nicht »für uns vergossen« gesagt wird. Freilich, was in solcher Art nicht gesagt wird, ist nicht einfach nicht da. Es klingt an und gewinnt dadurch eine neue Gegenwart: die des Entzugs und der Verweigerung. So »meint« es uns, aber offenbar in einem ganz anderen Sinne als in dem des stellvertretenden Leidens. Denn in diesem Blute spiegelt sich nichts als der Tod selbst, der Leichnam Jesu. Deswegen verstärkt das Gedicht noch die erschreckende Wirklichkeit, die der Tote für den hat, den der Lebensdurst treibt: »Es warf uns Dein Bild in die Augen, Herr, Augen und Mund stehen so offen und leer, Herr.« Es ist die ganze Unheimlichkeit des Todes, diese entsetzliche Fremdheit, die den Gestorbenen für die Lebenden ganz und gar ins Abseits scheidet, die hier denen begegnet, die, vom Lebensdurst getrieben, auf der Suche nach dem Trank sind. Das Motiv der Pietà klingt an.

Aber daß dies Bild im Blut ist, über das wir uns beugen, besagt noch mehr. Was uns als der Gekreuzigte, der sich im Blut spiegelt, begegnet, ist ja unser eigenes Gezeichnetsein vom Tode: wir begegnen in ihm uns selber, schrecken aus unserer Selbstvergessenheit auf, erschrecken vor uns selber. »Als wär der Leib eines jeden von uns Dein Leib, Herr.« Ja, dies Blut und das Bild, das in ihm ist, ist der Trank selbst. Das ist die große affirmative Konklusion, mit der das Gedicht sein Argument vollendet: »Wir haben getrunken, Herr, das Blut und das Bild, das im Blut war, Herr.« Denn das heißt: obwohl es Blut war und das Blut, in dem der tote Leib Jesu sich spiegelte, haben wir es getrunken. Wir haben es angenommen und nicht schaudernd zurückgewiesen. Wir haben es angenommen, daß wir sterben müssen. Das ist es, was uns berechtigt zu sagen: »Bete, Herr, wir sind nah.«

So schließt sich das Ganze. Uns selbst in unserer Todesbestimmtheit gewahrend, erfahren wir eine letzte Einung mit dem sich von Gott verlassen fühlenden sterbenden Jesus. Man muß also abschließend abermals feststellen: In der Überlieferung der Evangelien will der Ausruf der Verlassenheit Jesu gewiß nicht eine Abschwächung seiner Opferbereitschaft sein oder gar einen Zweifel an seinem Gott ausdrücken. Das »Nicht wie ich will, sondern wie Du willst« wird durch diesen letzten Ausruf keineswegs widerrufen. Im Gegenteil. Das erst vollendet die Menschwerdung Gottes, daß der sterbende Jesus sich von Gott verlassen fühlt. Das grade ist menschlich. Und es bezeugt: Für ihn ist das Sterben in keiner Weise leichter. Auch wenn der Christ glaubt, daß Jesus Gott ist, heißt das nicht, daß er nicht wirklich den Tod erlitten hat. Der biblische Bericht will vielmehr sagen, daß Jesus bis zum letzten Augenblick das Martyrium des Sterbens auf sich genommen hat, und genau dieses Martyrium des Sterbens ist es, auf dem unsere Verbundenheit mit ihm und unsere Nähe zu ihm beruht.

Nun stelle ich erneut die Frage des Anfangs. Ist das Blasphemie? Auch wenn man sich hüten muß, einer dichterischen Aussage eine falsche Eindeutigkeit zuzumuten, muß man doch wohl sagen, daß der Aspekt des Blasphemischen, den das Ganze bietet, doch auch wieder fast in sein Gegenteil verkehrt wird. Zwar ist es wirklich eine entschiedene Abkehr von der christlichen Tradition, wenn es heißt: »Bete nicht zu Gott, sondern bete zu uns.« Aber es bleibt ein Akt von Frömmigkeit, beten zu sollen, zu dem Jesus aufgefordert wird. Es bleibt ein Eingeständnis der Hilf- und Rettungslosigkeit des Menschen gegenüber der Unbegreiflichkeit des Todes, was sich im Gedicht aussagt. So klingen Elemente des Christlichen noch im Entzug und im Ausbleiben an. Im immer sich wiederholenden »Herr« erkennt der für uns Sprechende förmlich an, daß der am

Kreuz gestorbene Jesus unser Herr bleibt, als der Leidende und Verlassene – wenn auch nicht als der Christus der Auferstehung.

So ist Celans Beschwörung der Tenebrae zwar keine Wiederholung oder Annahme der christlichen Botschaft, aber noch weniger eine Verhöhnung oder Verspottung des Glaubens. Es ist ein Bestehen auf der Not. Indem der Tod als menschliches Schicksal ernstgenommen und angenommen wird, ohne allen Trost oder Hoffnung, nähert sich das Gedicht der letzten Intention der christlichen Inkarnationslehre, durch die sich das Christentum über alle sonst bekannten Weltreligionen erhebt: Kein Gott, der nicht Mensch ist, kein Gott, der nicht das Sterben auf sich nimmt, kann für den Glaubenden eine Verheißung oder Erlösung bedeuten. Es ist nicht die Überwindung des Todes, wie sie das Christentum verheißt, die im Gedicht zu Worte kommt, und doch bleibt Jesus, der den Tod auf sich nimmt, der »Herr«.

Am Ende dieses Versuchs einer Sinndeutung mag es möglich sein, die in solcher Poesie liegende Sinnverhüllung in ihrem Wesen näher zu bestimmen. Daß sie keine beabsichtigte Verhüllung und Verbergung eines Sinnes ist, den man klar und eindeutig sagen könnte, hat die Auslegung des Gedichts ergeben. Der Dichter ist hier in eine Sphäre eingetreten, die ihre eigenen bestimmenden Konstellationen hat. Der äußerste Augenblick im »Leiden und Sterben unseres Herrn Jesu«, sein letzter Atemzug am Kreuz, schmilzt mit der Todesfurcht und Todesgewißheit, die in jedem von uns eine ebenso gegenwärtige wie verdeckte Macht ist, zusammen, und dies rätselhafte Ineins bezeugt das Gedicht durch seinen eigenen, zwingenden Bestand.

Freilich, das Gefüge dieser Verse, die solche Spannungen auszutragen haben, kann nicht von einem dichterischen Stilideal her gesehen werden, das unsere literarische Tradition seit Goethe bestimmt: Goethes »Natürlichkeit«. Es ist eine unvergleichliche Natürlichkeit und Mühelosigkeit, in der Goethesche Reime und Verse sich wie von selbst ordnen. Sie sprühen hervor wie kunstvolles Geschmeide und wirken zugleich ganz ungesucht. Das zum Maßstab dichterischen Könnens und dichterischer Kunst zu machen, ist die Versuchung, in der wir immer schon stehen, aber es verkennt, daß Goethe eine ganz andere Situation der deutschen Sprache vorfand. Damals mußte das Deutsche seine Geschmeidigkeit und seine Aussagefähigkeit erst den Widerstandsblöcken lateinisch-humanistischer Künstlichkeit und französisch geselliger Sprachnorm abgewinnen. Die ungeheure Wirkung des Jugendwerks Goethes beruht darauf, daß ihm dies mit einer für uns unbegreiflichen Leichtigkeit gelungen ist. Für damals war es aber oft erstaunliche dichterische Kühnheit, was Goethe wagte, und insbesondere Werke wie »*Pandoras Wiederkehr*« oder selbst *Der westöstliche Diwan* fanden durchaus nicht sofortige Zustimmung.

Noch vielsagender ist in dieser selben Richtung das Beispiel Hölderlins, der eine ganz neue Sangart für eine ganz neue Aussage fand. Er steht am Anfang der Dichtung des 20. Jahrhunderts, erst damals erkannt. Seine großen Hymnen sind zu seiner Zeit überhaupt

132

nicht als dichterische Schöpfungen eines bei Vernunft seienden Menschen angesehen worden, sondern als Produkte des Wahnsinns, dem er später verfiel. Die romantischen Freunde wagten nur Teile dieser Handschriften überhaupt zu drucken, doch wohl, weil sie sich selbst zu solcher Kühnheit dichterischen Sagens nie vorgewagt hatten. So sind die Gedichte Hölderlins damals überhaupt nur in verstümmelter Form vor den zeitgenössischen Leser gekommen, und das ging bis in unser Jahrhundert so. 1914 ist der entscheidende Band der Hölderlin-Ausgabe von Hellingrath erschienen, in dem erstmalig die späten Hymnen Hölderlins so weit entziffert und kritisch rezensiert in die Öffentlichkeit traten, daß plötzlich die Zeitgenossen erkannten, daß das große Dichtung war. Es hat Geschichte gemacht, daß das Spätwerk Hölderlins in unserem Jahrhundert entdeckt wurde, so daß im Fortgang dieses Jahrhunderts dann Sprachschöpfungen und dichterische Wagnisse in der Art Trakls, des späten Rilke oder des hier vor uns stehenden Celan möglich wurden. Denn nun erwies sich die Spätpoesie Hölderlins, dieses blockhafte Sprechen in Anlehnung an Pindars Hymnenstil, plötzlich als eine großartig kalkulierte, bewußte und gekonnte dichterische Form. Sie der Sprachzerstörung, die Hölderlins Wahnsinn gebracht hat, zuzuordnen, war ein uns heute unbegreiflicher Irrtum und beweist nur, daß dichterische Sprache oft schwere Zumutungen stellt. Auch sind nicht zu allen Zeiten alle Redeweisen dichterisch möglich.

Es gibt ja auch heute die Erfahrung, daß Dichtung nicht mehr »ankommt«, weil die Sprachgewohnheiten unserer Zeit andere Reizmittel verlangen. Das gilt es für die Würdigung des dichterischen Stils unserer Zeit zu beherzigen. Wie schon die russischen Formalisten erkannt haben, gibt es Gesetze der Reizabstumpfung wie der Reizsteigerung durch Kontrast. So hat gewiß die neue Massenrhetorik, die durch die Massenmedien in unsere Zivilisation eingebrochen ist, an der Einigelung der dichterischen und insbesondere lyrischen Sprache ins Hermetische, die unsere Epoche bestimmt, einen entscheidenden Anteil. Wie soll man heute Sprachgebilde in sich zum Stehen bringen, so daß man zu ihnen zurückkehrt und sie, je öfter man zu ihnen zurückkehrt, desto vielsagender werden und auf unsere Fragen antworten? Um heute Sprachgebilde in sich zum Stehen zu bringen, so daß sie nicht in die Fluten des informatorischen Geredes eingeschmolzen werden, das über uns hinwegschwemmt, dazu bedarf es offenbar ganz anderer, schärferer Widerstandsbildungen und Herausforderungen, als es etwa in der Zeit Goethes erforderlich war. So mag die Sinnverhüllung hermetischer Poesie wie eine künstliche Verschwierigung wirken. Aber sie ist zugleich eine Befestigung gegen die Auflösung in den sanften Wellenschlag des temperierten Radiosprechers. Es gilt etwas aufzubieten, um das dichterische Gebilde in seiner Forderung zu zeigen und der alles einebnenden Prosaisierung zu entziehen.

Celan hat sein Äußerstes gegeben. So verlangt er ein Äußerstes und oft mehr, als wir aufbringen.

Hilde Domin,
Dichterin der Rückkehr

Wozu Lyrik heute? – Diese Frage braucht dort nicht gestellt zu werden, wo das Gedicht das Ohr der andern gefunden hat. Die Verleihung des Droste-Preises an Hilde Domin spricht für sich selbst. Hier wird ein dichterisches Werk ausgezeichnet, das sich beständig gegen die bange Frage »Wozu Lyrik heute?« seine eigene Antwort verbürgt. Diese Verse, die heute in einigen schmalen Gedichtbänden vorliegen (und denen Prosaarbeiten und literarästhetische Studien der Dichterin zur Seite stehen), haben einen unverwechselbaren Ton, einen Ton, der wie Atem verhaucht.

Wer das erste der Bändchen zur Hand nimmt, erfährt aus dem Umschlag, daß diese Gedichte – bis auf wenige Ausnahmen – erst nach der Rückkehr nach Deutschland entstanden sind, Schöpfungen eines durch ein Wanderschicksal gereiften Lebens. Das scheint mir von symbolischer Wahrheit. Hilde Domin ist die Dichterin der Rückkehr.

Bedenken wir, was das heißt. Es heißt nicht, daß hier ein privates Geschick der Vertreibung und der Heimkehr seine Darstellung im Wort suchte und fand. Es heißt auch nicht, daß hier ein allgemeines deutsches Schicksal, das uns zerriß, dessen Wunden sichtbare Narben hinterließen und das nicht zu schließende Risse verursacht hat, dichterische Bewältigung erfuhr. Man möge mir verzeihen – aber was die dichterische

Gültigkeit dieser Schöpfungen ausmacht, ist nicht von der Art politischer Lyrik, selbst dort nicht, wo die unvertilgbaren Spuren politischen Geschehens, »silence« und »exile«, Rückblick auf graue Jahre und erneute Angst um die Freiheit, sichtbar zutage treten. Auch dann nicht, wenn man realisiert, daß der Atem dieser Verse, der so leise ist, daß er einem beinah immer ausgeht, in beständigem Zuspruch dazu ermutigt, an Rückkehr zu glauben.

Das alles ist da, und doch auch noch mehr. Rückkehr ist noch anderes als das Wagnis und Unterfangen eines ehedem ins Exil Gegangenen, und die Bilanz dieses Lebensschicksals ist noch anderes als die Summe der Erfahrungen von Verlust und Abschied, Fremde und Ferne, Wanderschaft, Freundschaft, Liebe und wie immer man die Reihe der Erfahrungen fortsetzen mag, die hier anklingen. Es sind Dichtungen. Sie reden von uns allen. Wir alle wissen oder müssen lernen, was Rückkehr ist. So begegnen wir uns in diesen Versen selbst, indem wir lernen, was wir wissen.

Hilde Domins Verse lassen uns darüber hinaus auf eine neue Weise verstehen, was Dichtung ist. Wer mit ihr realisiert, was Rückkehr ist, weiß mit einem Male, daß Dichtung immer Rückkehr ist – Rückkehr zur Sprache. Darin liegt die doppelte Symbolkraft ihrer dichterischen Aussage.

Was ist Rückkehr? Rückkehr ist nicht bloß Wieder-da-Sein. Rückkehr ist doppelter Abschied. Wer – nach langem Fernsein – zurückkehrt, muß von etwas lassen, das sein zu werden begann. Folgen wir nachdenkend einigen Versen. Da heißt es:

136

Ein Reh tritt aus dem Wald,
und eine kleine Kirche auf einem Hügel
mit einem einsamen Kirchhof
winkt dir zu.
Du wägst ihren Gruß
wie eine Einladung,
die man eines Tages
– noch ungewiß, wann –
vielleicht gerne
annehmen möchte.

Und daran erkennst du,
daß du
hier ein wenig mehr
als an andern Stätten
zuhaus bist.

Wenn einer das zu spüren beginnt und es nun doch wieder lassen soll, so macht ihm das neu bewußt, was er einst lassen mußte. So ist Rückkehr ein zweideutiges Geschenk. Sie ist nicht ein Zurückbekommen dessen, was man verloren hatte, sondern zugleich neuer Verlust. Und was ist ihr Gewinn? Die Rückkehr beschenkt mit Wiedererkennen, jedoch im gleichen Atemzug erschreckt sie durch Nichtwiedererkennen.

Meine Füße wunderten sich
daß neben ihnen Füße gingen
die sich nicht wunderten.

Es ist nicht nur so, daß alles andere anders geworden ist, als es war, sondern vor allem so, daß wir selber anders geworden sind, als wir waren. Es gibt kein Zurück. Und auf einmal weiß man: Was wie das besondere Los des heimatlos Gewordenen klingt

> Unsere Sprache sprichst du
> sagen sie überall
> mit Verwundern.
> Ich bin der Fremde,
> der ihre Sprache spricht.

ist in Wahrheit ein allgemeines Los. Immer gehen wir aus, und überall ist Verwundern und kein leichtes Verstehen. Weil das überall so ist, ist Rückkehr niemals reiner Gewinn. Mehr noch: sie ist ein neuer Abschied – der dritte Abschied. Denn jetzt erst ist das, wovon man Abschied nehmen mußte, ganz von einem geschieden, seit auch die Rückkehr nichts mehr zurückbringt.

Das heißt nicht, daß Rückkehr schlichte Enttäuschung ist. Rückkehr ist Erkenntnis. Gewiß, alle Erkenntnis ist Abschied. Aber was im Abschied reift, ist selber Erkenntnis. Ein neuer Abstand ist gewonnen. Das Atemlose der Erwartung wird still. Nicht länger werden Ziele planvoll verfolgt. Vieles entgleitet wie Träume, und unerwartet ist, wohin man kommt. Ein Gedicht, das ich besonders liebe, spricht aus, was nicht nur von der Traumfahrt gilt.

Treulose Kahnfahrt

Aber der Traum ist ein Kahn
zu dem falschen Ufer.
Du steigst ein
an dem schimmernden Holzsteg des Gestern.
Du bist eingeladen
zu einer Fahrt über rosa Wolken
unter rosa Wolken,
wolkengleich.

Ein Hauch der Luft,
du bist so leicht,
der Kahn so steuerlos,
das Wasser so spiegelglatt.
So sanft verlierst du die Richtung:
du bist noch unterwegs nach der Wiese im Licht,
wenn der Sand schon unter dem Kiel knirscht
im Schatten der Weiden.

So wird Rückkehr zur Einkehr. Denn von wo man
zurückkehrt – das Exil läßt man nicht irgendwo da
draußen.

Unverlierbares Exil
du trägst es bei dir
du schlüpfst hinein
gefaltetes Labyrinth
Wüste
einsteckbar.

Man irrt in der Wüste sein Leben lang und weiß, daß die fruchtbringende Oase, in der alles glücklich endet, nie sein wird. Die Dichterin wird in einer ihrer persönlichsten Gebärden kenntlich, wenn man liest:

> Immer den Kopf geneigt
> einer Stimme entgegen
> von der ich schon weiß
> ich werde sie nie
> hören.

Und doch hört dies Lauschen »Lieder der Ermutigung«. Woraus wachsen sie der Lauschenden zu?

Hier erhebt sich die dichterische Erfahrung in das Allgemeine der Erfahrung, die wir alle teilen: die Erfahrung des Wortes. Zunächst freilich scheint es die ausgezeichnete und alle vertretende Erfahrung des Dichtens.

> Angst
> meine
> unsere
> und das Dennoch jedes Buchstabens.

Das ist es: Für uns alle besteht der feste Buchstabe. Das Wort verbürgt sich selbst – und doch, welch Wagnis ist ein Wort.

> Losgelöst
> treibt ein Wort
> auf dem Wasser der Zeit
> und dreht sich

und wird getragen
oder geht unter.

Das Wort, das nicht untergeht, das ist das wie ein
atemberaubender Glücksfall sich ereignende Gedicht.
In ihm kommt das Flüchtige zum Bleiben und die
Atemreise des Wortes gelangt an ihr Ziel.

Meine Hand greift nach einem Halt
und findet nur eine Rose als Stütze:

Man denkt an die Blume des Mundes, wie Hölderlin die Mutter-Sprache, die die Sprache des Dichtens
ist, nennt. Und nun begreift man in einem, warum der
Dichter an unser aller Stelle steht. Das Verhalten des
Dichters zur Sprache ist für uns alle Rückkehr zur
Sprache, Abschied und Erkenntnis zugleich. Denn nie
sind Worte sich gleich. Der Dichter ist immer aus dem
Selbstverständlichen ausgewandert. In dem Atem der
Atemlosigkeit, die ihn überall ein Verwundern erregen
läßt, wird das Gedicht geboren. Das ist ein Äußerstes
der Vereinzelung. Aber ist es nicht auch Rückkehr in
das allen Gemeinsame? Nicht nur so, daß der Dichter
aufgenommen wird von der Sprache, die alle sprechen.
Auch so, daß wir mit ihm mitgegangen sind in Ab-
schiede und Erkenntnisse. Auch so, daß wir selber immer wieder aus dem Selbstverständlichen auswandern
– wir nennen das Denken – und zurückkehren in
ein Andersgewordenes – wir nennen das Erkenntnis.
Nur weil wir selber so gehen, gehen wir auch mit dem
Dichter mit.

Wer es könnte
die Welt
hochwerfen
daß der Wind
hindurchfährt.

Wer es kann, ist das Gedicht. Das Nächstgegebene wird durchlässig. Es ist nicht länger das Vertraute und Bekannte. Und doch ist es nicht fremd schlechthin, sondern auf eine rätselhafte Weise urvertraut. Es ist in Hilde Domins Versen noch etwas von der Gegenwart des Kindes.

Da stand ein Stein,
ein grauer Stein,
auf einem Hügel im Feld.
»Lieber Stein«, sagte ich,
»nimm mich an,
als seist du ein kleiner niedriger Stuhl
vor einem Herdfeuer
an dem ein Topf Milch steht
bei dir will ich bleiben.

Ich will auspacken
und wie ein Kind
seine Taschen umdreht
und seine Murmeln
und einen zerdrückten Maikäfer
auf dem Boden ausbreitet,
will ich das Meine um dich legen.«

Das ist mehr als ein vergleichendes »Wie«. Man erkennt sich selbst in dem, was man am Kinde sieht, nicht nur, daß man auch so war, ganz so, sondern daß man noch immer so ist. Der zerdrückte Maikäfer, über den die Großen lächeln – lächeln wir nicht über uns selbst? Daß man mitnehmen mußte, wovon man sich nicht trennen konnte, auch wenn es einem nichts mehr sein kann – unzerstörlich bleibt der Drang in einem jeden von uns, alles das Meine um sich auszubreiten. Das allen Gemeinsame baut sich so zum Gedicht auf – aus all unseren Vereinzelungen und Erkenntnissen.

> sie treffen sich
> werden zusammengebogen
> die Botschaften
> jeder redet für jeden
> gefiltert
> die tonlosen Worte
> und umgewandelt
> in das Wort

Es ist Wandlung ins Gebilde, was geschehen muß, damit das Wort zur Bürgschaft für das Ding wird. Im Gleichgewicht von Klang und Bedeutung und in der Spannung zwischen Klang und Bedeutung, in der sich alles Sprechen suchend und findend bewegt, ist Dichtung ein Höchstes von Gegenwart. Kein Abstand mehr ist zwischen Meinen und Sein, kein Anhauch von Draußen, der frösteln macht: Im Gedicht erreicht die Sprache die volle Hautnähe von Wort und Ding.

143

Wort und Ding
lagen eng aufeinander
die gleiche Körperwärme
bei Ding und Wort

So ist die Rückkehr und Einkehr zur Sprache, die
der Dichter vollbringt, nicht nur seine eigene Rückkehr, in der er sich wiederfindet, weil er alles verlor,
es ist unser aller Rückkehr zu uns selbst, in der wir uns
finden.

Denn wir essen Brot
aber wir leben vom Glanz.

Hilde Domin,
Lied zur Ermutigung II

Lange wurdest du um die türelosen
Mauern der Stadt gejagt.

Du fliehst und streust
die verwirrten Namen der Dinge
hinter dich.

Vertrauen, dieses schwerste
ABC.

Ich mache ein kleines Zeichen
in die Luft,
unsichtbar,
wo die neue Stadt beginnt,
Jerusalem,
die goldene,
aus Nichts.

Kein Wort ist einzeln. Kein Wort beginnt mit sich
selbst. Man hat immer schon zugehört. Man hat immer
schon etwas gesagt. Man hat immer noch etwas zu sagen. Auch die Worte eines Gedichts sind nicht eine reine Information, die zur Aufzeichnung gelangt ist. Sie
sind wie Zeichen und Winke, die ins Weite deuten.
Wenn die knappen Zeilen, die wir hier lesen, nicht von
anderen »Liedern zur Ermutigung« begleitet wären –
sie kämen dennoch nicht allein. Sie gehören in einen

Zusammenhang von Sinn, der fast so etwas wie ein einheitliches Thema hat. Freilich ist es ein dichterischer Zusammenhang. Bildhaftes, Gebärdenhaftes, Metaphern (was wir so nennen) sind nebeneinandergesetzt, als ob sie auseinander folgten. In Wahrheit gravitieren sie gegeneinander und bilden das Feld einer Erfahrung. Die Zeile, die diese Erfahrung nennt, steht in der Mitte des Gedichts: »Vertrauen, dieses schwerste ABC.«

Man fragt sofort: Muß man Vertrauen erst lernen? Kann man es lernen, wie man schreiben lernt? Als ob einer ohne Vertrauen überhaupt leben könnte. Ist nicht all unser Sprechen von Vertrauen getragen: in den anderen, der einen versteht, in die Worte, die alle kennen, in die Welt, die in ihnen da ist? Und doch, hier wird Vertrauen als etwas genannt, das man lernen muß, ganz von Anfang an. Wie muß es verlorengegangen sein, dies Einfachste, das allem Bleiben im Leben, aller bleibenden Rede zugrunde liegt, das ABC. Kann man es einfach wieder lernen? Wie etwas noch nicht Gekanntes oder wie etwas Verlerntes? Sind nicht die Mauern, die entlang man sucht, ohne Türen? In der Tat: es ist das schwerste ABC – das man immer wieder vergißt, das man immer wieder verliert. Wie soll man es lernen?

Den Verlust des Vertrauens beschreibt der erste Teil des Gedichts. Den Beginn der Rückkehr des Vertrauens der zweite Teil. Der erste Teil gebraucht die Du-Form, der zweite Teil die Ich-Form – sicher nicht zufällig. Es ist dasselbe lyrische Ich, das erst sich selbst anredet wie einen anderen – ist es denn nicht ein anderer als ich, immer, dem das Vertrauen zum Leben

146

verlorengeht? – und das sich dann selber etwas – leise – gesteht und damit beginnt, wieder mit sich selbst einig zu sein.

Das Bild, das das Gedicht eingangs evoziert, das Gejagtsein (bei dem man noch nicht recht weiß, von wem), weckt eine der großen furchtbaren Szenen der Ilias, wie Achill den von Todesangst gepackten Hektor um Trojas Mauern herumjagt, und kein rettendes Tor nimmt ihn auf. Die verzweifelte Flucht dieses Tapfersten ist in den Eingangsversen da, aber sogleich verwandelt und gesteigert. Das erste Stutzen kommt einem bei der Wendung von den türelosen Mauern. Es sind nicht Mauern, deren Tore unerreichbar verschlossen bleiben, sondern Mauern, die entlang du Türen suchst und nicht findest, dich ein- und ausgehen zu lassen in der Stadt des Vertrauens, in der vertrauten Welt. Und ein zweites: Hier tritt kein hilfreich scheinender Freund dem Fliehenden zur Seite, so daß er seiner Angst Herr wird und sich zum Kampfe stellt – hier ist kein sichtbarer Feind, den man stellen und dem man sich stellen kann: Wer hier flieht, hat alle Waffen von sich geworfen. Denn er hat die Namen der Dinge hinter sich geworfen, weil sie verwirrt sind und nicht mehr taugen. Das gibt dem ganzen Bild der Flucht erst seinen radikalen Sinn. Die Verwirrung der Namen der Dinge bedeutet die größte Gefahr und die äußerste Wehrlosigkeit: Wir wissen nicht nur von Laotse, daß er mit der Richtigstellung der Namen beginnen wollte, wenn er zu herrschen hätte, und nicht nur, daß Thukydides die Zersetzung, die das von der Pest heimgesuchte Athen befiel, an dem Bedeutungswandel von Wor-

147

ten beschreibt – wir kennen die ungeheuerliche Verfälschung der Begriffe, die die Volksverführer aller Zeiten bewirken. Und vielleicht ist das noch zu partikular gesehen: daß sich die Namen der Dinge verwirren, daß die Worte ohnmächtig werden, die ehedem galten, ist wohl immer die Erfahrung, die den Zusammenbruch eines Vertrauens begleitet. Der versteht die Welt nicht mehr, den die Schutzwehr der vertrauten Worte nicht mehr umgibt.

Das ist der Sinn der homerischen Metapher dieser Verse: Die Stadt des Vertrauens, in der es sich allein bleiben und leben läßt, ist unzugänglich geworden – ja, gibt es sie überhaupt noch hinter den Mauern der Zurückweisung, um die wir gejagt werden?

Man schenkt dem Wechsel des Tempus Beachtung. Die Jagd erscheint in Vergangenheitsform, eingeleitet durch »Lange«, das τηλαυγὲς πρόσωπον des Gedichts, das sogleich auf die Wandlung deutet, die sich anbahnt. Und doch geht es im Präsens weiter, das Fliehen und Wegwerfen der Namen. Nicht nur, meine ich, um die verzweifelte Jagd ganz gegenwärtig erscheinen zu lassen, sondern weil diese Fluchtbewegung des Lebens, diese Jagd von Enttäuschung zu Enttäuschung, nicht mit einem Schlage zu Ende ist. Sie dauert fort, wo immer Verständigung und Vertrauen mißlingt.

Umgekehrt darf man nicht fragen, wie das Gedicht plötzlich auf das Lernen von Vertrauen kommt. Es kommt nicht plötzlich darauf. Vertrauen ist immer da, immer notwendig. Selbst wo es zerrüttet ist, ist es da, als das, was man neu zu lernen versuchen muß. Ebenso gilt aber auch: Das Wiederlernen von Vertrauen ist

148

kein unschuldig-zuversichtlicher Neuanfang, der schrittweise Buchstaben des Vertrauens zu lernen beginnt, nachdem alle Enttäuschungen erfahren, alle Verzweiflung ausgekostet ist – Vertrauen ist ein Wagnis, heimlich, unmerklich, uneingestanden. Es gilt, Vertrauen zu fassen – diese Wendung unserer Sprache enthält alles, was das Gedicht sinnlich evoziert; was einem beständig vergeht, worin man sich ständig getäuscht sieht, wobei man immer wieder versagt, leise kehrt es dennoch wieder. Es gibt niemals Beweise, auf die sich Vertrauen berufen kann. Es ist nicht ein bekannter Buchstabe und eine Folge von Buchstaben, die alle kennen, womit das Wiederlernen von Vertrauen beginnt. Es sind Zeichen in der Luft, niemand anderem kenntlich, nicht vorzeigbar, kaum einem selbst bewußt – und doch sind diese ins Flüchtigste gewagten Zeichen voller Bezug, voller Beginn, voll ersten Bleibens.

Daß die neue Stadt des Vertrauens »aus nichts« gebaut ist, versteht sich, wenn anders Vertrauen Vertrauen sein soll und nicht wohlbegründete Sicherheit. Daß sie im goldenen Schimmer einer ewigen Erwartung glänzt, ein himmlisches Jerusalem, gibt der Wahrheit, die in diesen Versen liegt, ihr letztes Siegel: man kann nicht leben ohne Vertrauen, ohne Vertrautheit ringsum und ohne jene letzte Vertraulichkeit mit sich selbst, die einen »Ich« sagen und »Ich« sein läßt.

Quellennachweise

Der Dichter Stefan George: Gedenkrede, gehalten 1968 an der Universität Heidelberg. Erstdruck: *Ruperto Carola*, XX. Jg., Band 45, Dezember 1968, S. 102–111

Hölderlin und George: Erstdruck dieser zweiten Fassung der Studie: Stefan George Kolloquium, Köln 1971, S. 118–132

Ich und du die selbe seele: 1972, unveröffentlicht

Rainer Maria Rilke nach fünfzig Jahren: Vortrag, gehalten anläßlich der Feier des hundertsten Geburtstags Rainer Maria Rilkes, im Saal der Deutschen Bank, Frankfurt am Main am 6. Dezember 1975

Verstummen die Dichter?: Erstdruck: *Zeitwende/Die neue Furche*, 41. Jg., Heft 5, September 1970, S. 344–352

Sinn und Sinnverhüllung bei Paul Celan: Erstdruck: *Zeitwende/ Die neue Furche*, 46. Jg., Heft 6, November 1975, S. 321–329

Hilde Domin, Dichterin der Rückkehr: Erstdruck: *Neue Zürcher Zeitung*, Nr. 364, 18. August 1971

Hilde Domin, Lied zur Ermutigung II: Erstdruck: *Hilde Domin. Doppelinterpretationen.* Frankfurt 1966, S. 195 ff.